Judoka

DU MÊME AUTEUR

Sélection officielle, *Grasset, 2017*

Avec Bertrand Tavernier

L'amour du cinéma m'a permis de trouver une place dans l'existence, conversation avec Thierry Frémaux, *Institut Lumière/Actes Sud, 2019*

Thierry Frémaux

Judoka

Stock

Ouvrage publié sous la direction
de Benoît Heimermann

Photo de bande : © Collection Christophel/
La Nouvelle Légende du grand judo, Akira Kurosawa

ISBN 978-2-234-08600-5

Aux maîtres,
aux élèves,
à Raymond Redon

C'était une chose, d'écrire sur ton corps, de cataloguer les multiples coups et plaisirs éprouvés par ton être physique, mais l'exploration de ton esprit à partir de tes souvenirs d'enfance sera sans aucun doute une tâche plus ardue – voire impossible. Pourtant tu te sens obligé de tenter la chose. Non pas parce que tu te considères comme un objet d'étude rare ou exceptionnel, mais précisément parce que ce n'est pas le cas, parce que tu estimes être comme n'importe qui, comme tout le monde.

Paul Auster,
Excursions dans la zone intérieure

1

La première chute

Dans ce monde-là, tout commence par une chute. Le profane imagine que le judo est un affrontement où l'on doit d'abord expédier n'importe quel adversaire dans les airs. Mieux, il est convaincu que la défaite est inconcevable dans la culture de cet art martial asiatique dominé par l'alliage inoxydable de savoir technique, de rigueur morale et de prédisposition physique ; et que, lorsqu'elle survient, elle vous condamne à une humiliation sans retour et à trente coups de ceinture (noire). Sauf que non. Ce qu'on vous enseigne avant tout, ça n'est pas comment gagner mais comment tomber. Ce qui ne signifie pas perdre. Mais cette évidence n'arrive qu'après.

D'ailleurs, en judo, on ne dit pas tomber mais chuter. Les mots sont importants et le japonais comme première langue mondiale des tatamis oblige à une certaine précision lexicale, laquelle demande un peu d'effort à la limite de la pataphysique mais impressionnera favorablement autour de vous. D'un adversaire, on ne dit pas non plus qu'on le « fait tomber », on dit qu'on le « projette ». Mais le premier geste du judoka n'est pas une projection : sur le tapis, répétons-le, tout commence par une chute.

Dans les autres sports, c'est le contraire : en athlétisme, à moto, en patins à glace ou à cheval, en boxe, knock-down ou knock-out, aller à terre se révélera fatal, sauf pour un avant-centre italien dans la surface de réparation. En judo, tomber est une performance et cela relève à la fois de l'acte primitif et d'un certain goût pour l'aboutissement des choses. Et, comme pour tout le reste, la manière compte. La façon d'exécuter correctement cet exercice par lequel commence l'enseignement dit le combattant que vous serez. Le style, c'est l'homme, paraît-il. La chute, c'est l'enfant. Plus tard, si vous devenez un bon *uke*, c'est-à-dire un bon *partenaire*, votre compagnie sera recherchée et vous en tirerez beaucoup de satisfaction car c'est ce qui fait le plaisir du judo : aider les autres à progresser. Mais nous y reviendrons.

Apprendre à chuter, donc. Rapidement, vous comprenez qu'il faut le jouer à l'instinct : dans les dixièmes de seconde qui suivent une attaque réussie de votre adversaire, vous lui rendez un hommage tacite en lui offrant corps et esprit afin de produire ce qui parachèvera le mouvement en majesté : une chute. Un peu comme la mort déchirante et sacrificielle de George Clooney dans *Gravity* d'Alfonso Cuaron. Ceux qui n'y verront pas d'emblée une leçon de vie ne comprendront jamais rien au reste, disait Henry Miller, sur d'autres sujets.

« Tomber souvent pour ne jamais se faire mal » : je crois encore entendre les paroles distillées lors de mon premier cours. J'avais neuf ans, je venais juste d'enfiler mon premier kimono, j'avais froid, je ne connaissais personne (sauf mon frère et ma sœur qui étaient dans le même état que moi), je me sentais ridicule et trouvais que tout le monde avait une meilleure allure que la mienne. L'enfance a des modesties qui ne sont que des étonnements et qu'on prend pour des infirmités.

Haute stature et visage sévère, le professeur, un moustachu aux yeux aussi noirs que sa ceinture, avait, lui, tout d'un sportif, d'un géant et d'un *homme*. Il était effrayant. Obéissant à ses injonctions, je me suis retrouvé allongé au milieu de dizaines d'autres enfants qui formaient une marée blanche pleine de gaieté. Le maître dispensait des consignes énigmatiques en lançant des mots imprononçables et enjambait cet amas de corps grouillant sur un tapis qu'il nous demandait de marteler de toutes nos forces, comme si on l'applaudissait, disait-il. Car, pour que l'esprit soit solide, les mains doivent l'être aussi.

Allongés sur le dos, les bras levés vers le ciel, nous les décroisions en tapant sur le sol avec la paume, d'abord doucement, puis de plus en plus fort, de plus en plus vite. Le maître ne se donnait même pas la peine de vérifier l'exactitude de la démarche, ni la parfaite exécution des mouvements. Tout ce qu'il voulait, c'était du bruit et de l'effervescence. Devenu professeur à mon tour, je saurai me souvenir qu'il n'est de bonne pédagogie sans un peu de fantaisie.

« *Matté !* » Soudain, il claqua dans ses mains et le préfabriqué se figea dans le silence – *matté*, en japonais, signifie : arrêtez. Après quelques secondes pendant lesquelles nous n'osâmes bouger, un ordre remit la petite foule en mouvement et la pétarade recommença. J'étais entouré de filles et de garçons, interloqués comme moi, martelant le sol comme moi, et tout comme moi emplis de pensées merveilleuses, pareillement inconscients de ce que cette libération de vitalité avait de productif, jusque dans la fatigue enivrante éprouvée ce jour-là et dont j'ignorais qu'elle serait celle de toutes les séances d'entraînement à venir.

Nous étions à terre, parce qu'il fallait commencer par là : apprivoiser ce tapis rouge et bleu légèrement moelleux, s'étendre sur lui, apprendre à l'aimer. Avec les mains qui fourmillent et la peau qui rougit, avec le souffle court et les muscles contractés, sans l'aubaine d'un moment de repos, juste le sang qui monte à la tête jusqu'à l'étourdissement en un amoncellement d'éclats de lumière, cette douce souffrance que je rencontrais pour la première fois et qui est celle de tous les sportifs.

D'un mouvement fluide, on fut invités à recommencer, de la position assise – « Assis, couchés ! Assis, couchés ! » –, puis de la position debout – « Debout, assis, couchés ! Debout, assis, couchés ! » –, après une flexion des jambes savamment codifiée permettant de tomber en arrière sans dommage pour les fesses, la colonne vertébrale, la nuque et l'arrière de la tête – dans cet ordre.

Il n'y a pas de musique sans solfège, il n'y a pas de judo sans chute. Comme les musiciens, les judokas reprennent inlassablement leur partition. Au début, on vous décrit à peine comment procéder car l'enseignement, on l'apprend à nos propres dépens, repose sur la répétition, la force de l'exemple et l'expérimentation sur soi. Le professeur corrige votre attitude mais explique peu. Vous ne savez pas vraiment ce qu'il faut faire ni à quoi cela vous servira, mais vous le faites. Plus tard, vous comprenez que c'était pour vous obliger à réfléchir.

Anonyme parmi d'autres débutants, j'éprouvais une sorte de volupté à saisir la tournure des choses, à observer les autres petits judokas, à prendre conscience que, dans le tumulte, je contribuais à la chorégraphie à la fois brouillonne et codée d'un cours collectif. Le judo ne vous conduit pas d'emblée vers la méditation – l'aspiration au silence intérieur et à la sagesse vient après. Ce premier jour, ce fut de l'énergie, du vacarme et des cris d'enfants. J'ai vite compris que ça allait me plaire.

Jigoro Kano, le père fondateur du judo, inventa plusieurs types d'*ukemi*, c'est ainsi qu'on appelle la chute : la chute arrière, la chute latérale à droite, la chute latérale à gauche et la chute avant. Cette dernière est la préférée des enfants, qui adorent faire des roulades, alors que, avec l'âge, ça se perd. Spectaculaire et harmonieuse, la chute avant peut devenir un mouvement autonome tant elle recèle de variations infinies. La majorité des enfants l'exécutent à droite, quelques-uns, comme moi, côté contraire, côté contrarié : je ne devinais pas encore, dans des temps où l'usage de la « main profane » suscitait encore quelques contrariétés, que cela serait un avantage tactique autant qu'une élégance jalousée – et c'était bien avant de rencontrer, pour me rassurer, les gauchers légendaires que sont Diego Maradona et Nicole Kidman.

La chute avant est une invitation au jeu, une appropriation de l'espace et une façon de se faire remarquer. En particulier dans les concours qui consistent à sauter par-dessus quelques camarades roulés en boule et blottis les uns contre les autres. Réussir à en franchir trois, puis cinq et plus encore m'offrit un sentiment d'invincibilité dont je me souviens comme si c'était hier. Dans une chute, c'est d'abord la main qui heurte le sol, amortissant le poids du corps qui atterrit alors sans douleur sur le tatami. Un bras ferme éloigne la peur du vide, la crainte des chocs et permet de repartir à l'assaut. Ainsi, quelle que soit la position dans laquelle on touche terre, même brusquement, même aveuglément, on saura toujours et de manière réflexe comment ne pas se blesser. Avec un peu de volonté, l'appréhension s'évanouit, on parvient à devancer ses inquiétudes pour trouver du plaisir dans la démonstration d'une belle chute.

L'artiste franco-américaine Louise Bourgeois disait : « Au départ, mon travail, c'est la peur de la chute. Par la suite, c'est devenu l'art de la chute. » Elle aurait pu être des nôtres, Louise. Ceinture blanche, nous apprenons à nous enchanter de tout et à ne nous effrayer de rien. Dans une carrière de judoka, on tombera beaucoup. Mais on aura appris d'emblée qu'une chute n'est pas un effondrement. Elle est un avènement.

C'est comme ça que ça s'est passé. Je ne pouvais deviner que ça aurait du sens : parvenir à tomber, c'est déjà savoir se relever. Cette leçon, on vous l'administre dès vos premiers pas sur les tatamis. Le souvenir me revient en l'écrivant. Une heure plus tôt, j'entrais en contact avec un monde dont je ne savais rien. Nous étions un jeudi de septembre, il n'y avait pas classe. Cet après-midi-là, sous le ciel presque sans nuages de l'enfance, je pris conscience de ce qui allait se produire. Ce que j'ai aimé dans ma vie, les voyages, l'amour et le cinéma, est arrivé lentement. Le judo est venu d'un seul coup. Lors d'une chute.

2

Kagami biraki

J'ai été désigné par la Fédération française de judo « personnalité invitée » à prononcer les vœux du judo français pour la nouvelle année. D'une voix qui me redevient immédiatement proche, son émissaire, Maxime Nouchy, que j'ai connu il y a longtemps sur les tapis lyonnais, m'explique au téléphone qu'il est de coutume de solliciter pour cette cérémonie des judokas s'étant signalés dans d'autres domaines. Moi, c'est le cinéma.

Je n'ai jamais vraiment su à quel club Maxime appartenait. Auréolé de titres nationaux gagnés avec prestige chez les juniors, il venait s'entraîner avec nous, à Saint-Fons, débarquant sans prévenir. Puis il tirait sa révérence et on ne le revoyait pas de trois semaines. Il préparait les compétitions et les passages de grades ainsi, en circulant d'un dojo à l'autre. J'étais encore lycéen, lui déjà kiné.

Sur le tapis, c'était un lutteur pugnace, des bras de fer verrouillant une garde impénétrable, des épaules de déménageur, des cuisses d'éléphant avec lesquelles il aurait pu soulever deux adversaires à la fois, bref la puissance incarnée. Il possédait aussi une belle *forme de corps*, c'est ainsi qu'on désigne les stylistes : dans tous les sports, il y a des types dont on voit qu'ils sont faits pour ça, qu'ils ont le geste, la vista et le reste, genre Roger Federer. C'était le cas de Maxime. Peau mate, cheveux à l'encre noire, des yeux qui se plissaient au premier sourire, il quittait le vestiaire après la douche et s'en allait dans la nuit. Je le voyais comme un ami quoique nous n'eussions que des relations épisodiques. Il habitait du côté du boulevard des États-Unis, le quartier de Raymond Domenech, la barrière infranchissable des lignes arrière de l'Olympique lyonnais. Je crois, je n'ai jamais vraiment su. Je me souviens de quelqu'un souple comme un chat qui déplaçait latéralement ses adversaires : on le croyait vulnérable sur les balayages, mais c'est lui qui vous épiait, qui exploitait la moindre faute. Et il était redoutable en *ne-waza*, le combat au sol.

Maxime me dit que, pour les vœux, je succéderais au cuisinier Thierry Marx et à Alexandre Kehren, de l'École polytechnique ; et que, l'an prochain, ce serait le spationaute Thomas Pesquet qui se plierait à l'exercice. Que des judokas. Ces vœux auront lieu à l'occasion du *Kagami biraki* (de nombreux termes japonais vont ponctuer ce texte, faites comme si de rien n'était, poursuivez votre lecture).

Kagami biraki signifierait d'abord « ouvrir le miroir ». Dans des temps moyenâgeux, un seigneur de guerre japonais comme nous avions les nôtres en Europe mais en plus classe – pensez au personnage de Kanbei, le chef rônin des *Sept Samouraïs* – aurait brisé le couvercle d'un tonneau de saké, dont la forme ronde fait songer à un miroir, pour en offrir le contenu à ses soldats. Ces derniers, soudainement en proie à une ardeur renouvelée, car miroir et saké sont liés aux divinités, le récompensèrent d'une victoire mémorable. En Occident, il n'est pas sûr qu'on applaudisse de telles histoires par les temps prohibitionnistes qui courent mais, si on rompt le pain chez les catholiques, on distribue l'alcool de riz chez les shintoïstes, ce qui produit un autre type d'effet.

Autre version : les samouraïs se réunissaient chaque début d'année pour purifier leurs armes en les posant sur un autel près d'un petit miroir, qui symbolise l'harmonie, et des gâteaux de riz de la même rondeur qu'un miroir. Jigoro Kano revivifia le sens de ce cérémonial au moment des grands entraînements d'hiver, pour les identifier à un cycle nouveau plein de promesses. Aujourd'hui, il semble illustrer le désir d'une forme de communion fraternelle, dans un monde qui cherche toujours plus de rituel pour oublier le futur douloureux auquel il se sait condamné. En France et ailleurs, le Kagami biraki rassemble chaque mois de janvier les grands judokas du pays et célèbre ses hauts gradés, en présence de l'ambassadeur du Japon, qui reste sobre.

Il arrive que l'existence parvienne à reconstruire ce que le temps a laissé filer par l'assemblage discret de quelques hasards dont on ne devine qu'après qu'ils n'avaient rien de fortuit. La mémoire se montre capable de donner du sens aux souvenirs en les remettant en ordre. Ainsi, la proposition signée Jean-Luc Rougé, l'ancien champion, surgit alors que le judo, que j'ai aimé sans compter et dont j'ai pourtant abandonné la pratique, est revenu s'imposer à moi, vingt-cinq ans après mes derniers instants en kimono.

Je suis ceinture noire 4e dan. Ceinture noire, on l'est pour la vie. Mais ma vie m'a conduit ailleurs, vers l'Institut Lumière de Lyon et vers le Festival de Cannes. Les tapis que je fréquente désormais sont rouges et mènent à d'autres sanctuaires. Après mes irremplaçables maîtres et leur irremplaçable enseignement, je me suis trouvé d'autres mentors, et le cinéma occupe la place qui était jadis celle du judo, que j'ai pratiqué comme élève, comme compétiteur, comme professeur, et qui remplissait les soirs et les week-ends d'une jeunesse dont je m'assurais ainsi qu'elle ne finirait jamais. Jusqu'à ce que je déserte définitivement les tatamis. En tout cas, l'ai-je cru.

Ces dernières années, lorsqu'on me demandait si je pratiquais encore, je répondais, sans modestie, oui. Mais je me mentais à moi-même. Je n'étais plus judoka. J'ai une vie bien remplie, je n'ai pas fait trop de compromis, je possède une belle collection de raretés de Blaise Cendrars, j'ai accueilli Julia Roberts en haut des marches, je suis copain avec Jean-Michel Aulas, je possède un tracteur Massey Ferguson et un vélo Look carbone. Mais j'ai laissé tomber le judo.

Je n'ai plus foulé un tapis depuis longtemps, je ne suis plus capable de me mesurer à un adversaire, je n'ai plus les mains assez fortes pour prendre la garde et disputer un *kumi-kata*. Je ne suis même pas sûr de tenir un salut, de rester longtemps les fesses collées au plat des pieds, l'un sur l'autre. J'ai mal au dos, j'ai mal à la nuque, à l'épaule gauche, au genou droit, aux deux chevilles. Je ne possède plus les réflexes, la démarche et les pensées d'un judoka. Puis-je encore dessiner les mouvements dans l'espace et enchaîner les *uchi-komis* dans le vide ? Je ne sais plus où est le sac qui contient mes affaires. Les nouvelles règles d'arbitrage me sont inconnues, comme le nom des champions d'aujourd'hui. Je ne connais plus par cœur le *kime-no-kata* dont j'enseignais à d'autres les subtilités quand j'avais à peine dix-huit ans. Parce que j'aimais ça, j'étais précoce et que, sur la question, je savais tout sur tout.

Je ne suis plus judoka. En oubliant le judo, j'ai oublié qu'il avait été le sel de mon rapport au monde et la passion de mes jeunes années. En découvrir l'esprit et l'histoire fut peut-être la première fois où je sentis que quelque chose pouvait m'appartenir. Le judo était une façon de me tenir à part, d'acquérir un savoir sophistiqué et de le faire volontairement, dans le mystère d'un langage qui épatait les copains et me rassurait dans les moments de doute.

J'ai décidé de me souvenir du judo car c'est une vie qui n'est plus. Pourtant, s'ajoutant à la crainte de l'avoir perdue, un sentiment irrésistible et diffus m'habite depuis quelque temps : j'avais eu *ça*. Le judo. Une façon d'être, une manière de m'en tirer avec moi-même. Et, du judo, la fierté de posséder un kimono : j'en détenais plusieurs, à la blancheur renouvelée chaque semaine, ornés de mon nom brodé en italique. La fierté aussi d'arborer une ceinture noire, de la nouer de telle façon que ses deux extrémités débordent à parts égales de la boucle et laissent apparaître les idéogrammes qui en font le nom et l'histoire, et le faire aussi rapidement qu'une attaque de Shozo Fujii, le champion du monde des années soixante-dix, qui était le Rimbaud du judo et qu'on appelait le Roi-Soleil. Il y a toujours une figure spéciale qui incarne son sport et le révolutionne. John McEnroe n'aura pas eu le plus grand palmarès et n'est peut-être pas le plus grand joueur de tennis de l'histoire, mais personne ne l'imitera jamais, ni ne réinventera ce qu'il a inventé. Nous, c'était

Shozo Fujii, dont nous sommes seuls à connaître le nom.

À la fin de *Coups de feu dans la Sierra*, un western de Sam Peckinpah, Randolph Scott demande à son compagnon d'infortune : « Tu sais ce que porte un pauvre au moment de sa mort ? Les vêtements de l'orgueil. » Pour ceux qui ont pratiqué le judo, et quoi que leurs vies soient devenues par la suite, le kimono sera pour toujours le vêtement de l'orgueil, usé par le temps, abîmé par les accrochages, tissé de leur propre histoire, grande ou modeste.

Comme la chanson de variétés, la lecture du journal *Pilote* ou la découverte en cachette du mensuel *Lui*, le judo ramène à l'enfance les gens de ma génération, ceux qui sont nés entre 1957 et 1963 – les autres sont aussi les bienvenus. Il entremêle expérience personnelle et passions collectives. Il apprend à voir les choses en face, chercher la liberté, reconnaître ses fautes et accepter celles des autres. Il inculque l'engagement, le devoir d'obéir et le droit de se révolter, comme le personnage de Sugata Sanshiro dans *La Légende du grand judo*, le premier film d'Akira Kurosawa.

Le judo et le cinéma sont nés quasi simultanément, à la fin de ce XIXe siècle où l'on pensait que la civilisation était à recommencer et que son avenir serait éclatant. Il y a beaucoup en commun entre le judo et le cinématographe, comme entre les deux créateurs Jigoro Kano et Louis Lumière. Ils ont un lieu d'origine précis : le Kodokan à Tokyo et la rue du Premier-Film à Lyon. Ils ne viennent pas de nulle part mais ont rapidement surpassé leurs prédécesseurs, le jujutsu pour l'un, le Kinétoscope de Thomas Edison pour l'autre, et sans jamais vouloir effacer leurs traces. Semblables à une religion païenne, ils se sont répandus comme une traînée de poudre. Planétaires et universels, ils sont plus que ce qu'ils sont, plus qu'un sport, plus qu'un art : les deux nous disent qui nous sommes et qui sont les autres.

Plus ça va, plus je leur trouve des similitudes. Par exemple, cette histoire que racontait le critique Jean Douchet : le 25 août 1953, le cinéaste japonais Kenji Mizoguchi présente *Les Contes de la lune vague après la pluie* au festival de Venise. Il en profite pour rester quelques jours et voir les films de ses confrères du monde entier. De retour au Japon, il déclare : « Décidément, je suis le meilleur. » Et il enchaîne une éblouissante série de chefs-d'œuvre. Curieusement, ce qui se niche dans ces propos, c'est de l'humilité, que vous approchez en rencontrant les maîtres, là-bas : nulle arrogance ou contentement de soi chez le cinéaste, seulement l'idée qu'il était parvenu à son propre sommet et qu'il en était heureux. Et qu'il pouvait se consacrer aux autres, ce qu'il fit malgré une mort précoce.

Raymond Redon, professeur au Judo Club de Saint-Fons, dans la banlieue de Lyon, me disait : « Je t'apprendrai à être plus fort pour qu'un jour tu puisses me battre. » J'étais enfant, c'était bien à entendre. Il le tenait lui-même de Georges Baudot qui fut, avec son camarade Raymond Moreau de Saint-Étienne, l'un des pionniers français qui gagnèrent le Japon. Le périple vous emmenait vers le Kodokan, à Tokyo, une terre promise à de rares pèlerins. Les avions décollaient vers l'est ou vers l'ouest, avec escale à Moscou ou à Anchorage. Quelques mois là-bas, apprentissage douloureux, traitement de *gaijin* – l'étranger – et chaque jour du *kangeiko*, l'entraînement d'hiver, une souffrance infinie sur les tapis. J'ai plaisir à écrire leurs noms dans la clarté de ce jour de fin d'automne où l'aube pointe un nez gelé sur le Vercors. À dix-neuf ans, j'ai retrouvé Georges Baudot à l'école des cadres à Gerland où il m'a appris à devenir professeur, me laissant ce précepte qui continue à guider ses anciens élèves : « Qu'importe la défaite si on n'a pas failli à ne viser que la victoire. »

« Tu feras ça bien ! » me dit Maxime Nouchy quarante ans plus tard en me précisant que la cérémonie exige un discours de celui qui la préside. Quand nous étions jeunes, bien qu'il soit largement mon aîné, et à ces âges-là les années comptent double, je l'avais aidé à écrire le dossier exigé pour le passage du 6e dan. Dans le judo lyonnais, à cause du cinéma, déjà, je passais pour l'intellectuel du milieu. Sentant mes hésitations, il insiste. Les appels du passé, quand on aime regarder devant, il faut s'empresser de les ignorer, et je serais sur le point de dire non si je n'avais la sensation que quelque chose de familier revient me tendre les bras, comme un chemin de montagne dont on retrouve la trace à la fin du jour et que rien ne nous empêchera d'emprunter malgré la nuit qui approche.

Quand, en 2017, Olivier Assayas a fait l'éloge de Wong Kar-wai, qui recevait le prix Lumière, il a dit qu'il était le cinéaste qui évoquait le mieux le « souvenir du souvenir ». C'est exactement ça. Comme je demandais des nouvelles des copains à Maxime, j'ai compris que j'avais enfoui un passé dont je mourais d'envie de retrouver la lueur. Deux de mes héros littéraires, Jack London et Scott Fitzgerald, sont morts avant qu'il leur soit donné de revenir sur leurs propres traces alors qu'ils visaient la « seconde chance ». Trop de questions trop longtemps restées sans réponse, trop d'efforts pour retrouver un second souffle qui ne vient pas, plus envie de jouer le jeu, encore moins de vieillir, mal, longtemps et en souffrant.

Dans *Un singe en hiver*, qui raconte l'histoire d'un homme qui décide de se souvenir du souvenir, Gabin n'avait que cinquante-huit ans, alors qu'il paraît marcher vers l'automne de sa vie. J'y suis. Au sujet de l'arrivée de la vieillesse, Jim Harrison a dit :

« Ça s'est passé dans votre dos et par petites touches incessantes. » Big Jim n'est plus là et la soixantaine me guette mais je peux encore gagner du temps. Question d'époque, de réflexion et de diététique. Qui disait qu'on ne se rend compte de la valeur des choses que lorsqu'on est sur le point de les perdre ? Cela a failli m'arriver. Le judo a refait surface, me ramenant vers un territoire mental dont je m'étais laissé déposséder. C'est un beau passé que j'avais et je ne pouvais pas en rester là.

Alors j'ai décidé de retrouver ce monde perdu. On me permettra la confidence, le moment est venu. Et je pense à ces mots de Gilles Deleuze et Félix Guattari : « Peut-être ne peut-on poser certaines questions que tard, quand vient la vieillesse, et l'heure de parler concrètement. Questions qu'on pose dans une agitation discrète, à minuit, quand on n'a plus rien à demander. Auparavant, on la posait, on ne cessait de la poser, mais c'était trop indirect ou oblique, trop artificiel, trop abstrait, et on l'exposait, on la dominait en passant plus qu'on était happé par elle. On n'était pas assez sobre. On n'avait pas atteint ce point de non-style où l'on peut dire enfin : mais qu'est-ce que c'était, ce que j'ai fait toute ma vie ? »

Moi, nous, nous avons fait du judo, toute notre vie, et je voudrais parler de cela.

3

Le goût du large

Judo. Deux consonnes, deux voyelles. Deux idéogrammes, deux *kanjis*. « Deux idéogrammes ? Deux idées au gramme ! » dirait Raymond Devos. « Et ça fait beaucoup au kilo », aurait-il ajouté s'il avait su combien le judo recèle de vastes ressources. Raymond Devos aimait divertir avec les mots, comme Jean-Luc Godard, de qui je reçois une lettre à l'instant, conclue d'un « ami calmant » qui me réjouit. Dans *Pierrot le fou*, le premier a tourné chez le deuxième une scène de désespoir drolatique, interrompue par Jean-Paul Belmondo, qui n'était pas judoka mais boxeur. C'est parce qu'il ne pouvait être boxeur que Jigoro Kano créa le judo. C'est là où je voulais en venir.

Car c'est faible et chétif que Jigoro Kano est né, le 28 octobre 1860 – ou le 10 décembre 1860, selon les calendriers utilisés. Il faut remonter aux origines : ses parents demeuraient à Mikage, un quartier de Kobé, situé dans la province de Settsu, au centre du Honshu, l'île principale d'un pays qui en compte des milliers – 6 852, paraît-il. Il est, par son père, le descendant d'une vieille famille japonaise dans laquelle on trouve des intellectuels confucianistes et des prêtres, bouddhistes ou shintoïstes. À huit ans, il assiste à la proclamation de la restauration impériale, début de l'ère Meiji, théâtre d'importantes réformes économiques et politiques destinées à imaginer un pays que les *shoguns* (chefs militaires, placés sous l'autorité de l'empereur) et les *daimyos* (gouverneurs de province, placés sous celle du shogun) avaient pacifié : paradoxe de l'Histoire, le Japon gouverné par les militaires a vu la paix régner. En juillet 1853, le commodore Perry et ses canonnières étaient entrés dans les eaux territoriales nippones pour s'approcher de la baie d'Edo en vue de forcer les autorités à l'accueillir. Moins d'un an plus tard, le militaire américain signait un traité de coopération entre les deux nations. Le Japon entra dans le concert international, le père de Kano fit de même et profita de l'ouverture du port de Kobé voisin aux navires étrangers pour se consacrer à la marine de guerre.

Meiji, c'est le nom que Mutsuhito, cent vingt-deuxième empereur de l'empire du Soleil-Levant, donna à son règne, qui commença officiellement en 1868 et s'acheva en 1912. Actif et visionnaire, il ouvrit le Japon au monde, le lança sur les voies de la modernité, mit fin au régime féodal et repensa l'administration centrale. Les samouraïs, à qui on interdira de parader dans les rues en habits, grands sabres et petits *katanas* à la ceinture, furent priés de rejoindre l'armée officielle, de payer des impôts et de s'en tenir à leur rang – la littérature, la peinture et le cinéma se chargeront de la mythologie.

L'empereur, qui monta sur le trône à quinze ans, transfigura le pays en le sortant de son isolement. En jeune prince audacieux, il innova tous azimuts, octroyant à l'impératrice jusque-là invisible un statut public, et dota la nation d'une Constitution avec élection d'assemblées. Monarque progressiste d'un pays dont l'isolationnisme était un dogme indépassable, il considérait l'éducation comme la base du système social. Le sentiment patriotique aussi sauf que, comme chacun sait, s'ouvrir au monde, chez l'homme, c'est chercher noise à ses semblables, ce qui conduira le pays à s'inspirer de l'Europe, conquêtes coloniales comprises. Le Japon s'engagea dans des conflits régionaux (Chine, Russie, Corée) où son armée fit preuve d'une tragique détermination : les conséquences en furent désastreuses, symbolisées un demi-siècle plus tard par le jusqu'au-boutisme des pilotes kamikazes du Pacifique, orgueils d'une nation aveuglée par leur héroïsme et incapable de comprendre que l'arrogant sacrifice imposé à sa jeunesse ne faisait qu'anticiper le sort funeste qui frappera Hiroshima et Nagasaki en août 1945.

Il faut (re)voir *Silence*, le beau film de Martin Scorsese dont on sous-estima la portée à sa sortie.

D'abord parce qu'il étoffe le roman de Shusaku Endo d'une résonance qui interroge les guerres de religion contemporaines, mais aussi parce qu'il montre que, pour les Japonais, l'insularité était une sécurité.

C'est dans cette île immobile depuis des siècles, dans la paix de ses temples et la neige de ses montagnes, que Jigoro Kano vient au monde. Quelques années après sa naissance, tout change : depuis 1639, l'île était fermée à double tour, elle va accueillir ce qui ne lui ressemble pas ; le peuple campait sur ses traditions, il sait désormais qu'un ailleurs existe. Cette ère nouvelle donnera à ce fils de marin le goût du large et des envies de voyage.

À dix ans, Jigoro perd sa mère. On pense à un film d'Ozu : la vie n'est qu'une suite de séparations avec les êtres chers. Chez le cinéaste, les femmes sont fortes, et délicates. Le touchant souvenir de celle qui veillait sur lui ne quittera jamais Kano et les historiens considèrent que ce qu'il a voulu devenir n'aura été que la longue célébration de cette femme aimante et stricte. Pédagogue, de surcroît, convaincue que la culture formait les êtres : dès qu'il le put, Kano se mit à lire de façon compulsive et à dévorer Confucius, qui exercera sur lui une forte influence intellectuelle, l'incitant à réfléchir, puis à écrire.

Un mot sur Confucius, qu'on n'apprend pas aux petits Européens. Plus connu par son nom que par ses œuvres, le philosophe chinois (551-479 avant J.-C.) est, comme ses collègues grecs et romains apparus après lui, l'auteur de quelques fulgurants aphorismes semés dans un dévouement à la pensée du monde. « Qui comprend le nouveau en réchauffant l'ancien peut devenir un maître », écrivait-il, comme une description du processus qui mena Kano à rénover l'histoire des écoles de combat asiatiques pour créer le judo.

Dans *Les Entretiens*, que le sinologue et lettré Pierre Ryckmans, qui se faisait appeler Simon Leys pour ses textes accablants sur la Révolution culturelle chinoise, tenait comme « nul écrit n'ayant exercé une plus durable influence sur une plus grande partie de l'humanité » et dont il saluait la « concision monumentale », Confucius évoque un ordre naturel et simple que cette affirmation résume : « Celui qui sait obéir saura ensuite commander », ce qu'on enseigne dans toutes les classes de formation des professeurs de judo et qui n'aurait jamais dû être laissé aux seuls va-t-en-guerre, aux idiots et aux fascistes auxquels ce type de pensée est généralement attribué. Vu la raclée éthique que Simon Leys a mise à ses contempteurs en tenant bon quand l'époque le considérait comme un misérable salaud, je suis de son côté.

Confucius, qui considérait, à juste titre et avant les sémiologues, qu'« une image vaut mille mots », a énoncé quelques vérités qui peuvent paraître communes aujourd'hui, sauf qu'il les a écrites il y a vingt-cinq siècles. Et il y en a tout un tas. Il imaginait, par exemple, que l'être humain parviendrait un jour à se montrer vertueux par la maîtrise de soi, l'intégrité de sa pensée, la fidélité à ses engagements, la loyauté, la courtoisie et la recherche de la justice. Bref, une sorte d'harmonie avec autrui. Je sais, on n'y est pas.

Penseur de la plénitude de l'être, il affirmait que « l'expérience est une bougie qui n'éclaire que celui qui la porte » et, en philosophe pour qui l'organisation de la société passe par la raison, il ajoutait : « C'est seulement quand l'hiver est arrivé qu'on s'aperçoit que le pin et le cyprès perdent leurs feuilles après tous les autres arbres. » Ce qui marche pour la sélection cannoise, décriée en mai puis célébrée en décembre, et relève d'une tenue plus convenable que le très français : « C'est à la fin du bal qu'on paie les musiciens. »

Grâce aux réformes de l'ère Meiji, plus de la moitié des Japonais savent lire et écrire. Jirosaku Mareshiba, le père de Kano (adopté par la famille de sa femme, il en emprunta le nom, usage courant dans le pays), souhaite que son fils se destine à l'étude. Le jeune Jigoro a-t-il trouvé dans les textes de quoi se consoler de la disparition de sa mère ? C'est un travailleur, il apprend les classiques chinois, la langue anglaise, et passe des heures à étudier la calligraphie orientale, cet art du trait auquel il se dévouera toute sa vie et dont, au moment de définir les bases du judo, il prendra le sens du geste, de l'intention et de l'exécution. Du beau et de la perfection aussi, puisqu'il s'agira de cela.

Discret, sensible, sa constitution fragile le handicape. Il semble s'envoler dans le vent de la côte. Parvenu à l'adolescence, alors que père et fils ont migré de Kobé vers la préfecture d'Edo, qui s'appellera désormais Tokyo car l'empereur a voulu qu'elle devienne la nouvelle capitale du pays, il souffre que ses amis se moquent de lui et de sa taille. Il a conscience qu'un destin l'attend. Quand, à dix-sept ans, il entre à l'université pour étudier la littérature et la philosophie, il décide, seul parmi ses camarades de classe, d'apprendre une discipline de combat expédiée aux oubliettes par la nouvelle modernité japonaise : le jujutsu.

4

Juste en dessous du ciel

Même à l'enfant que j'étais, il apparaissait clairement que le judo n'était pas un sport sans origine et sans mémoire. Qu'il me faudrait obéir à ses conventions ou fuir à jamais. On ne compte pas le nombre de gens célèbres qui ont « fait du judo » : de Peter Sellers, qui fut vice-président de la Fédération londonienne de judo, à Laetitia Casta, qui aurait atteint la ceinture marron. Mick Jagger aussi fut l'un de ces enfants, paraît-il, d'après les archives du Budokwai, le premier club londonien de judo, fondé en 1918 – voilà qui viendrait expliquer sa vaillance sur scène aux historiens du rock et à Keith Richards qui, clope au bec, s'éberlue encore de le voir s'agiter au milieu de la foule.

Mais ils sont innombrables aussi ceux qui ont déguerpi, peu enclins à accepter ces prises, ces projections, ces bras de fer, ces saisies où l'on se frotte, ces techniques où l'on se cogne, ces articulations tordues sous de violentes impulsions qui risquent de blesser à tout moment. Ils se montrent tout aussi rétifs aux tonnes d'informations qu'il faut ingurgiter dès le premier passage de grade, et plus effrayés encore par les contraintes d'une discipline pas issue des arts « martiaux » pour rien, quand d'autres sports sont parés de séductions plus immédiates, plus sonnantes et plus trébuchantes. On *joue* au foot, au tennis ou au golf, on *fait* du judo – comme on *fait* du vélo, qui me fredonnait alors ses premiers airs d'aventure. Le judoka est le genre d'individu à *faire*, pas à *jouer*.

Le judo était un sport de prolétaires pratiqué par des anges insouciants de leur avenir. Champion du monde et champion olympique à vingt ans, Thierry Rey ne disposait que d'une piaule à l'INSEP et gagnait trois sous en donnant des leçons aux enfants quand les tennismen français encore loin du top 10 de leur sport s'offraient leurs premières Porsche.

Le judo souffrait de sa nature éducative. Lorsqu'on a dix ans et qu'on préfère explorer de nouvelles bêtises plutôt que se tenir correctement en classe, on ne va pas laisser un type pieds nus accoutré d'un étrange uniforme vous imposer ce que les instituteurs ont eu du mal à vous instiller dans le cerveau : un peu d'écoute et de calme. Et je n'entonne pas le couplet éculé du « cancre écrasé par le carcan scolaire et incompris de sa famille mais qui a quand même réussi dans la vie » : j'aimais l'école, j'avais des notes excellentes, mes parents se désespéraient juste que, à chaque fin de trimestre, le qualificatif de « bon élève mais pas totalement sérieux » revienne systématiquement dans la bouche des profs. Le « Peut mieux faire » restera pour les enfants le commentaire le plus cruel (vu d'alors) et le plus subtil (vu d'aujourd'hui), un anéantissement plein d'espoir. Nous savions que nous pourrions un jour appuyer sur les pédales mais sans injonction ni obligation.

Rien ne me prédisposait à aimer ce vers quoi on me conduisait. C'est pourtant ce qui se passa lors des premières leçons. Comme souvent, il suffisait de s'approcher un peu. Une heure d'efforts dans un cadre défini, des règles énoncées en toute clarté et le collectif qui passait avant le reste. Ça tombait bien : j'avais la tête à ça, aux copains et aux bandes qui se forment et se déforment. On me parlait d'un sport individuel qui se pratique en groupe, dont l'élan, pour qu'il soit irrésistible, est donné par tous, où l'un n'est rien sans l'autre. Je me fichais des grands discours (moins, désormais, tant ils se font rares) mais j'ai compris que c'était vrai : sur les tatamis, le professeur prend soin des solitaires et des égarés alors que les capricieux, les garnements et les égoïstes y sont promptement dressés. D'ailleurs, tous ceux qui sont passés par là le savent : « Au judo, on calme les excités et on rassure les timides. » Les petits rois de leur famille, on en fait des confettis.

C'est donc en septembre 1969 que je posai les pieds pour la première fois sur un tatami. Après quatre années à Paris, dont l'agitation politique allait les marquer durablement, mes parents s'installaient à Lyon pour se rapprocher de leurs racines dauphinoises. Ils étaient ce que leurs enfants sont devenus : des voyageurs. Et ils avaient appris bien avant nous cette leçon qui dicte nos saisons : il faut partir souvent mais ne jamais s'éloigner longtemps. Comme disait Bruce Springsteen sur la scène du Walter Kerr Theatre à Broadway : « Je suis le type qui a écrit *Born to run* mais, à soixante-dix ans, j'habite encore à dix minutes de l'endroit où je suis né. »

J'avais neuf ans. Juste après la foire de Beaucroissant, près de Grenoble, cette grande fête des paysans qu'on ne ratait jamais et qui, dans ces années-là, coïncidait avec la rentrée des classes, ma mère nous avait inscrits, ma sœur, mon frère et moi, dans un club de judo, celui du comité d'entreprise d'Électricité de France, l'employeur de notre père. « Tu avais un peu trop d'énergie. On me conseilla le judo », m'a-t-elle dit récemment. Nous venions d'emménager à Caluire, une petite ville de la banlieue nord de Lyon qui portait la tragique réputation d'avoir été celle où Jean Moulin fut arrêté. Des pentes de la colline de Montessuy où nous habitions, elle dominait les quais du Rhône, surplombant, de l'autre côté du fleuve, le palais des congrès de la Foire de Lyon, sorte de Gaumont Palace provincial doté de la même magnificence de façade, dont je n'allais pas tarder à faire régulièrement le siège lorsque la cinéphilie m'attraperait comme une maladie joyeuse. Dans une ville qui aime les frères de cinéma, celui-là était tenu par les deux Lapouble, Jacques et Pierre. À la fin des célébrations du centenaire du Cinématographe Lumière en janvier 1996, et puisqu'il en va ainsi de la vie et de la mort des salles de cinéma, nous fermerions les portes de l'établissement par de somptueuses ultimes projections et dans l'inconscience juvénile de ce que cela annonçait d'incertain pour le futur.

À ce jour, j'ignore encore ce qui passa par la tête de ma mère pour envoyer ses enfants « au judo ». Nous ne formions pas une famille spécialement portée sur le sport, à part le ski, que mon père adorait et qu'il nous fit découvrir en février 1967 dans la petite station du Chazelet, à La Grave, un village des Hautes-Alpes situé au pied de la Meije, l'un des derniers sommets alpins conquis, en contrebas duquel dévale un torrent indompté. Un endroit à la beauté éclatante que les dieux semblaient délaisser l'hiver et qui ne délivrait ses charmes qu'à ceux qui se montraient capables de surmonter le découragement, la solitude et le froid. Bref, rien d'attractif pour le tourisme bétonnier des années soixante-dix – aujourd'hui on dirait : rien de fun.

Pas fun, le soir, les remontées à pied dans le vent glacial qui menaient du hameau du Ventelon à celui des Clôts, quarante minutes plus haut où, le printemps revenu, seuls les tracteurs et les jeeps pouvaient accéder, quand les journalistes parisiens parlaient de Megève, de chalets savoyards et de « domaines skiables ». Quand on vient du Dauphiné, on prend la montagne comme les Bretons prennent la mer. Au sommet du Lautaret qui basculait dans la vallée menant vers Briançon et l'Italie, il me prit très tôt de rêver à la petite route conduisant au col du Galibier que la neige et le mauvais temps rendaient inaccessible dès novembre, le transformant en une *terra incognita* six mois par an.

Nous sortions des jeux Olympiques de 1968, que Jean-Claude Killy avait illuminés de son insolente jeunesse sur les hauteurs de Grenoble qui s'incarnait comme la modernité urbaine – tout ça n'est plus en très bon état, puisqu'un jour la politique a déserté la ville et ses banlieues, et plus personne ne s'est plus occupé de rien sauf, là-bas, les gens des cités, les familles et les travailleurs sociaux, comme ils pouvaient.

Quand celui dont Robert Redford déclara « J'aurais aimé être Jean-Claude Killy », annonça sa retraite, je reportai mes admirations vers Jean-Noël Augert, les sœurs Laforgue et surtout

Patrick Russel, champion du monde en 1970, qui malmenait les bâtons des slaloms avec une allure folle que j'essayais d'imiter. Il y a peu, alors que je remontais sur les planches pour la première fois depuis longtemps, on m'a dit : « Tu skies comme dans les années soixante-dix », parce que j'attaquais un peu trop les bosses – je l'ai pris comme un compliment.

Nous pratiquions un sport de haute montagne, de paysages majestueux et de conditions ingrates. Comme le matériel d'occasion qu'on ne payait pas comptant : skis en bois, carres vissées, chaussures à lacets et fixations à câbles ; anoraks de fortune, moufles en laine, des guêtres cousues main par notre mère, parce que c'était moins cher, et peaux de phoque les jours de sortie en direction du lac Noir. J'en ai souffert au regard de ces codes sociaux qui mettent le cœur des enfants à l'épreuve mais j'ai retenu que, la vérité, c'est le talent, pas le matériel, et encore moins les tenues et les lunettes de soleil. C'est une leçon que je n'ai pas oubliée, sur les marches de Cannes, quand j'accueille de jeunes comédiens affublés d'un faux smoking d'évidence bricolé à la hâte dans les parkings du sous-sol du palais – je l'ai fait aussi. On n'en était pas à faire des clins d'œil complices aux caméras et à exhiber sur Instagram la moindre seconde de nos vies.

Sur les pistes, l'embarras du magasin de location se changeait en arrogance. Nous partions en bande avec le cousin Philippe et les quatre fils Dupuis, avec qui nous échangions parfois les Rossignol Strato et les Dynamic VR17 : planches noir et jaune, fixations Look avec lanières en cuir. Avec mon frère Pascal, qui a des jambes de feu et le ski dans la peau, nous nous savions bénis des dieux. Sur les cimes, les belles tenues ne tenaient plus : vite, et de loin, on ne voit pas la matière des fuseaux. Imprudents et effrontés, nous arpentions les pistes dans tous les sens pour vérifier que quelqu'un ne skiait pas mieux que nous. Et s'il nous arrivait d'en trouver un, nous lui tournions nonchalamment autour comme des paons pour lui administrer la preuve de notre supériorité de jeunes cons.

Faire la descente du plateau d'Emparis deux cents fois dans la journée en ouvrant des passages inattendus était une inépuisable délectation. Nous avions grandi dans ces montagnes, d'où cette affection particulière que je garde pour *tous* les films qui se passent dans la neige, et pas seulement *La Prisonnière du désert* – mais comment cet Irlandais de John Ford a-t-il deviné que la tombée des flocons était la meilleure façon d'exprimer le passage du temps ? À l'arrivée du printemps, nous avalions les heures en godillant dans les champs de poudreuse, les derniers éclats du soleil nous accompagnant jusqu'au vallon des Clôts. Là, face à la Meije, s'agglutinaient nos belles maisons de pierre, bien assemblées comme les dents de roche qui irisent l'horizon du Rateau, juste en dessous du ciel.

Ma mère, qui s'occupait du reste, de nous et de tout avec ferveur et légèreté, n'a jamais pratiqué de sport et je ne l'ai jamais vue réaliser exercice plus fréquent que celui d'allumer une cigarette, geste qu'elle effectuait avec style et qu'elle s'est évertuée à ne jamais cesser de faire, même en cachette de ses enfants. Pas une skieuse ni rien d'autre et, lorsque je me suis mis à acheter *L'Équipe*, elle s'est étonnée que le sport puisse nourrir en permanence le quotidien d'un journal. Aujourd'hui encore, lorsqu'elle me voit le dévorer sur ma tablette, elle ne masque pas sa surprise, en me sortant la même phrase depuis quarante ans : « Mais *L'Équipe*, ça paraît vraiment tous les jours ? »

Mon père était fils de paysans et, à la ferme des Frémaux à Tullins, ça ne rigolait pas. Mesure-t-on en 2020 à quel point les enfants des années soixante étaient issus d'une France encore agricole ? Tout nous ramenait « à la campagne », et si ça n'était pas nos parents, c'était nos grands-parents, nos oncles ou nos cousins. Le retour des vacances se faisait dans une voiture pleine de fruits, de légumes et de confitures, « pour qu'on ne manque de rien ». À Chougnes, la ferme familiale, dominait une reine mère omnipotente auprès de laquelle la Vivien Leigh d'*Autant en emporte le vent* ressemble à une timide jeune fille au pair. Et ça ne se faisait pas, de gaspiller son temps à faire du sport. Même si Christian, mon oncle Quiqui, dont le chromosome XXL n'a hélas pas été décelé dans mon propre génome, commença le rugby très jeune et devint un puissant deuxième ligne, à Romans puis à Valence. C'était l'époque des clubs de village et des grands baraqués qui sautaient en touche et faisaient discrètement le coup de poing en mêlée. Il reçut quelques capes internationales chez les juniors, une voiture qu'il n'avait pas l'âge de conduire et l'offre d'un café-tabac pour le jour de sa retraite, ce dont il ne rêvait pas – bref, le sport amateur des années soixante. Un jour, une vilaine blessure au genou mit fin à ses rêves de défier les All Blacks. Il retourna aux travaux des champs de la plaine de l'Isère et aux forêts du Vercors où, juché sur son énorme tracteur Latil, il débarda toute sa vie des hêtres et des sapins.

Ski, rugby, c'est dire que mon enfance se déroula loin du judo. À part un jeu de mots douteux lu dans une BD (« le *jus d'eau*, quezaco ? »), je n'en avais jamais entendu parler. Comme mon père, que l'aptitude aux études conduisit contre son gré en internat puis aux Arts et Métiers de Cluny, je serais bien resté dans les étables, les granges de foin et les séchoirs à noix. Chez nous, les tréteaux de 68 n'étaient pas encore pliés, la politique et les désirs de révolution enrobaient encore les comportements et les conversations d'une passion brûlante, douloureuse parfois, et incompréhensible aujourd'hui. D'ailleurs, on n'essaie pas de comprendre aujourd'hui. Nous apprenions par cœur *Le Chant des partisans*, *La Jeune Garde* et les chansons de Dominique Grange écrites sur les barricades. C'était le monde des grands et des vies militantes, un engagement qui m'était promis. Mais le judo arrivait vers moi, je l'ignorais, comme j'ignorais que la passion du sport allait bientôt m'infliger une fièvre dont je n'ai jamais guéri, même les soirs de tristesse où l'Olympique lyonnais perd le derby – hé ! ça n'arrive presque plus.

5

De l'ancien viendra le nouveau

Japon, fin des années 1870. Un adolescent marche dans les rues de Tokyo, comme le héros du roman de Natsume Soseki, *Sanshirô* : « Ce qui frappa d'abord le jeune provincial, ce furent les tintements des cloches des tramways ; ce fut ensuite la foule des passants qui montaient et descendaient des voitures [...]. Mais son plus grand étonnement fut de découvrir l'immensité de la capitale qui, aussi loin qu'il allât, semblait ne devoir jamais finir. »

Tokyo était, dans ce Japon rural, l'une des villes les plus peuplées au monde. Quand il quitte les bibliothèques ou les salles de classe, Jigoro Kano est à la recherche de lieux clandestins où il trouvera satisfaction. Il aime étudier mais ça ne lui suffit pas : il veut apprendre à se battre. Il se faufile d'étroites ruelles en sombres bâtiments, sans remarquer les chaises à porteurs qui emportent furtivement ces nouveaux aristocrates coiffés de hauts-de-forme pour faire comme les Occidentaux. Il est déterminé et n'hésite pas à courir au-devant du danger né de la rivalité féroce qui oppose des hommes rassemblés dans des clans qui ont tout de sociétés secrètes.

Comme ceux de ses contemporains qui ne versent pas dans les affaires militaires, Kano ne prête guère attention à son corps. Personne dans sa famille ne l'a engagé à le valoriser. Joufflu et ventru, il eût fait un beau sumotori, dans cet affrontement à la frontière de la lutte la plus sommaire et de la pensée la plus subtile, entre brutalité animale et ode poétique aux divinités shintoïstes. Mais Jigoro est petit et frêle, fluet et pâle. Il veut sortir de sa jeunesse et de son monde. « L'art du combat est nécessaire à l'individu pour cultiver la force qui lui permettra de se défendre et de préserver un caractère déterminé », écrira-t-il en 1915 dans un de ces longs mémoires dont il a parsemé son existence. Il a entendu parler d'une lutte, le jujutsu, mais en ignore presque tout. Un détail a retenu son attention. Cette discipline repose sur un concept simple : parfois, la souplesse l'emporte sur la puissance. Mental contre physique : cette transcendance convient à sa morphologie. La nature lui a construit un caractère de petit qui devra faire avec ses armes. Il s'en souviendra pour concevoir sa propre méthode.

Pratiqué par les samouraïs, en corps à corps, à mains nues et à la vie à la mort, le jujutsu était florissant à l'époque d'Edo, qui précéda celle de

Meiji et dura presque trois siècles. Le Japon, pays de montagnes et de vallées, accueillait des centaines d'écoles, et autant de styles différents qui faisaient la fierté des militaires. Sauf que les temps ont changé. Contraire aux prescriptions de l'empereur, cet art du combat sans sabre est désormais déconseillé, comme tout ce qui rappelle le passé.

Le temps des grandes chevauchées s'achève, celui du sacrifice et des décapitations, toute cette mythologie de la mort et de la rage dont ils étaient les héros. « Seigneur, demandez-moi de mourir et je le ferai » : le *bushido*, cette codification quasi religieuse respectée par tous les combattants depuis le XVIe siècle, ne s'enseignera plus aux nouvelles générations tandis que disparaissent les armées et ces soldats qui défilaient en brandissant les lances et les kakémonos, deux sabres à la ceinture. Sur les places des villes et sur les routes de campagne, des guerriers hirsutes et violents, visages bouffis par l'excès de saké et le désespoir de vivre, agissent comme des fuyards, cherchant querelle au premier venu. Les privilèges sont abolis. Le monde des samouraïs va à sa perte dans l'ombre de la nuit, comme les quarante-sept rônins de la légende, combattants égarés fidèles à leur seigneur déchu qui tentent de se souvenir de leur prestige enfui. Ils se savent condamnés à l'invisibilité. Ils sortent de l'Histoire. La nation des daimyos n'est plus.

Pire, la loi interdit le maniement des armes, et les institutions qui en professaient l'usage s'effacent. Le jujutsu devient infréquentable et ne s'enseigne plus que dans de rares endroits où des experts perpétuent la flamme de ce qu'ils considèrent autant comme une tradition qu'une façon de refuser l'occidentalisation à l'œuvre. Parmi eux, maître Fukuda, Hachinosuke Fukuda, le patron de l'école Tenjin shin-yô-ryû où le jeune Jigoro prend l'habitude de s'entraîner. Il y met tant d'assiduité qu'il est choisi pour exécuter une démonstration devant le dix-huitième président des États-Unis, Ulysse Grant, qui rend visite à l'empereur.

Sous le regard des officiels, il se montre brillant. Tous les judokas ont connu ça : un moment spécial vécu sur un tapis, la sensation d'un éblouissement, d'une destinée. Kano s'illustre, lui qui méprisait son manque d'assurance. Mais, passé l'instant de gloire, le quotidien reprend ses droits et il est moins exaltant : les lieux sont inconfortables, les rangs clairsemés et l'entraînement rude.

Jigoro Kano ne désespère pas, il poursuit son rêve. Il se perfectionne, corrige ses insuffisances et découvre qu'avec un peu de malice, une faiblesse devient une aubaine, une déficience, un atout. Le judo reposera sur le mouvement des corps, leur adaptation, leur intelligence. Varier la position des mains trouble l'adversaire, un déplacement de pieds provoque un déséquilibre, l'agilité du bassin infléchit la vitesse du mouvement. Il se sert de ses bras, de ses épaules, de son cou, même, au moment de tomber sur le sol. Il ne relâche pas les exercices de respiration et le travail du ventre, d'où vient l'énergie libératrice de cris qui multiplient la puissance. « Le résultat de la pratique du jujutsu m'a permis de réaliser un changement complet de ma constitution en comparaison à celle de mon enfance », dira-t-il.

Mais sa grande découverte est ailleurs. Sa nouvelle robustesse entraîne une autre transformation : celle de son esprit. Jigoro Kano l'a décidé : il sera calme. Björn Borg aussi n'a pas toujours été cet « Iceborg » qui promenait son flegme inattaquable et désarmant sur les courts du Grand Chelem. Il fut, à ses débuts, un tennisman rageur et narcissique qui cassait les raquettes à la première injustice d'arbitrage avant de s'identifier à ce robot aux sentiments indéchiffrables qui l'expédiera vers les victoires les plus belles et les statistiques les plus folles.

Un siècle plus tôt, il en aura été de même pour Jigoro Kano. « Enfant, j'étais coléreux, se souviendra-t-il. Ma patience est désormais plus grande, mon tempérament s'est progressivement calmé. » C'est l'élément fondateur. Un judoka ne sera jamais agressif. Se montrer intraitable avec soi-même avant tout, ne pas se décourager, ne jamais s'énerver. Kano est capable d'améliorer ce qu'on lui enseigne, il se mesure à des partenaires de grande taille en profitant des avantages d'un centre de gravité très bas. Ce petit bonhomme trapu possède d'évidence le physique propre au sport qu'il s'apprête à codifier. L'entraînement terminé, il le prolonge car il ne considère pas la pratique comme une fin en soi. Ses partenaires l'observent avec curiosité et amusement en le voyant traquer des manuscrits, rassembler des témoignages et interroger les survivants de l'âge d'or. Il l'affirmera toute sa vie : le judo s'est érigé sur des fondations anciennes. « J'ai étudié le jujutsu dans ma jeunesse avec beaucoup de maîtres éminents. Leur sagesse, fruit de nombreuses années d'études intensives et de riches expériences, me fut extrêmement profitable. »

Le jujutsu était désigné sous plusieurs noms différents : *tai-jitsu*, *kenpo*, *kogusoku*, *hakuda* ou *yawara*. L'histoire est ainsi, compliquée, genèse énigmatique et origines mal identifiées, lointaines, nombreuses. À consulter le Grand Livre – qui n'existe pas –, des combattants auraient importé au Japon des techniques nouvelles après les avoir étudiées dans quelques pays d'Asie, d'autres étaient réputés parce qu'ils étaient puissants ou qu'ils avaient ici et là remporté de glorieuses victoires. L'un d'eux s'était rendu célèbre parce qu'il savait ressusciter les morts : en fait de mort, il s'agissait juste de ces évanouissements astucieusement provoqués puis guéris grâce aux *kuatsus*, dont la science jalousement protégée était constitutive de cette culture du secret. La pratique n'a pas disparu : je t'immobilise, t'étrangle, je te plonge dans le coma. Et je te ranime, ne t'inquiète pas.

Dans son *Jigoro Kano*, paru aux éditions Budo en 2006, le judoka Michel Mazac mentionne également l'aura au XVIIe siècle européen d'un Chinois nommé Chingempin, poète à ses heures, dont l'influence aurait gagné le Japon. Ici, quelques spécialistes minimisent son rôle, là des récits spectaculaires émaillent sa chronique. Comment savoir ? On se querelle encore. Seul véritable indice penchant en faveur d'une origine insulaire : le jujutsu (et subséquemment le judo) est un art de la saisie et se pratique à deux, alors que les Chinois aiment évoluer seuls, dans le silence du petit matin, au bord des fleuves ou au cœur des forêts. En parcourant tout cela, j'ai l'impression de retrouver nos propres disputes sur la création du cinéma, quand Thomas Edison avait pris un temps d'avance sur ses concurrents européens.

Jigoro Kano se distingue par son assiduité, il imagine certains mouvements, sans cesser d'étudier ceux qui les précèdent, comme ces cinq recommandations venues du jujutsu :

– ne pas résister mais vaincre par la souplesse
– ne pas se laisser distraire
– ne pas rechercher trop de victoires
– ne pas attirer sur soi les reproches par les querelles en gardant un esprit posé
– rester calme en toutes circonstances

Il saura s'en inspirer – ce que nous serions avisés de faire à notre tour : on dirait le commentaire cinglant et inversé de nos temps tourmentés.

Les grands principes du judo sont en germe. Son apparition reposera sur une incarnation quasi divine : un cours, un sport, un créateur. Kano a compris qu'il faut dépasser la technique pour atteindre l'éducatif, et le physique pour aller vers le mental. Il n'y a pas, écrit-il aussi, de développement moral sans épanouissement du corps, et il n'y a pas d'accomplissement personnel sans souci d'autrui. Dans les années vingt, il n'aura que méfiance envers la militarisation de la société japonaise et fera du judo un sport ainsi qu'une éducation loin de tout sentiment belliqueux, ne cessant jamais d'affirmer que le rapport à la compétition et à l'adversaire d'un jour ne saurait être constitutif d'un enseignement plus complet visant avant tout à la plénitude de l'être.

Kano a étudié quelques écoles avant de s'estimer apte à fonder la sienne. Rien d'étonnant ni d'impudent pour l'époque : il y eut dans l'histoire de nombreuses institutions, liées chacune à tellement d'origines qu'il ne faisait qu'ajouter sa propre pierre à un édifice atomisé. Mais il ne pouvait se douter que sa démarche abolirait celle des autres et rendrait caduc l'enseignement distillé ailleurs. L'avènement du Cinématographe Lumière, je vous dis.

Après le temps des généraux, qui veulent toujours avoir le dernier mot et se reprendront bientôt, la fin du XIXe siècle est le moment des rêveurs et des grands fous : des scientifiques, des techniciens, des médecins, des peintres, des poètes, des aviateurs, des architectes, des constructeurs navals, aéronautiques, automobiles, Pierre de Coubertin sur le point de créer les jeux Olympiques modernes et Henri Desgrange le Tour de France. Pour Kano, les années passent vite, mais elles sont fructueuses. En 1879, alors qu'il s'entraîne avec les membres des clans Kitô qui approfondissent un style qui leur est propre, maître Fukuda décède subitement. On lui propose de lui succéder. Il n'a pas vingt ans mais il a amassé une somme considérable de connaissances. En 1881, il obtient ses diplômes à l'université de Tokyo : lettres, esthétique, philosophie, finances. L'année suivante, il estime en savoir assez pour inviter des élèves à découvrir ce qu'il est en train d'imaginer.

Le siècle qui arrive recèle des rêves infinis et les jeunes générations le devinent : de l'ancien viendra le nouveau. Sortant de la nuit des samouraïs, comme les fleurs de l'archipel s'épanouissant sous l'averse entre les rochers de la côte, le judo naît au printemps 1882, an 15 de l'ère Meiji, à Tokyo. L'école qui l'établit s'appelle le Kodokan : littéralement, le « lieu où l'on rend le principe manifeste » ; pour tous les judokas, le « lieu où l'on révèle la voie ».

6

L'exquise sensation d'exister

Le club de judo d'EDF, où je m'apprêtais à faire mes premiers pas, était situé en bordure du canal de Jonage, à côté de bâtiments d'usine et d'allées de platanes, dans le quartier de Bonneterre à Villeurbanne, la ville de l'ASVEL et d'Alain Gilles qui, chaque dimanche, faisait trembler les panneaux de basket du pays.

Le dojo se résumait aux seuls tatamis posés à même le sol d'un vieux hangar préfabriqué au plafond de lambris délabrés et poussiéreux, au bout d'une cour dont il me semble me souvenir qu'elle servait surtout d'entrepôt pour des engins de travaux publics. J'en ai connu, des clubs, et ils étaient souvent installés dans des lieux offerts à la va-vite par des municipalités qui se réjouissaient de voir fleurir ce sport exotique qui rassemblait les enfants par milliers dans tout le pays.

Le professeur se nommait Ernest Verdino. Nous devions dire maître ou monsieur – un jour, j'entendrai ses proches amis l'appeler Nénesse, une familiarité qui m'étonna. Verdino : un fils d'Italiens, j'imagine. C'est une constante du judo comme du sport en général : ceux qui s'y dévouaient n'étaient que rarement des gens de la haute société – sauf lors des premiers balbutiements, initiés par quelques aristocrates éclairés qui avaient de l'argent, du goût, le courage de s'approcher de tentations honnies de leur classe. Dans les années soixante et soixante-dix, jusqu'à aujourd'hui, les éducateurs venaient du peuple ; la plupart avaient trouvé dans la découverte du sport, à l'armée souvent, et dans le refus entêté de l'asservissement social qui leur était destiné, l'éclat d'une voie personnelle qui les approchait de cimes à conquérir. Ça n'est pas si courant, dans une vie d'homme, de suivre une telle ligne de crête, et tous diront qu'ils ont éprouvé dans le bonheur pédagogique et la reconnaissance de leurs élèves de quoi largement remplir leur existence.

M. Verdino était 4e dan. C'était, à l'époque, le grade le plus élevé qu'un judoka pouvait atteindre, sauf s'il avait été un compétiteur d'exception, comme Henri Courtine ou Bernard Pariset, deux noms qui dominaient de leur envergure la mythologie du judo français. Il était du genre costaud mais sa belle apparence, comme la façon dont il transmettait ses instructions, contrastait avec ce physique d'armoire à glace qui l'imposait à nous. L'air viril mais visage normal, pas de ces nez écrasés, ces cous de taureaux, ces oreilles décollées et chiffonnées qui font souvent l'ordinaire des visages de judokas.

Tout le monde le regardait avec crainte et admiration. Ayant à peine dépassé la trentaine bien qu'il parût tout à fait âgé à l'enfant que j'étais, il évoluait sur le tapis avec naturel, dans une économie de gestes très calculée. Il ne lui était nullement nécessaire d'en faire trop : son kimono impeccablement repassé à côté des nôtres toujours fripés et la ceinture noire qu'il était évidemment le seul à porter suffisaient à le rendre inaccessible. Cela, aucun de ses élèves n'en doutait et nous aurions été désemparés à l'idée que quelqu'un puisse se montrer supérieur à lui. Il dégageait une force surnaturelle et n'avait jamais eu besoin d'en prouver l'évidence. Aussi loin que remontent mes souvenirs, je ne l'ai pas vu combattre, seulement enseigner, éduquer, instruire, modifier la position d'une main, expliquer l'efficacité d'un mouvement ou d'un déséquilibre – il évoluait avec justesse auprès de jeunes enfants devant lesquels il était inutile de procéder à la moindre démonstration de puissance.

Le maître était accompagné d'un adolescent aguerri qui s'appelait Djamel. À la fois technicien érudit et assistant respectueux, ce dernier était à sa disposition, prêt à chuter à tout moment pour les besoins de la leçon, et sa ceinture violette, antichambre de la ceinture marron elle-même dernière marche avant la ceinture noire, le distinguait de nous. En avance de quelques années, il n'était pas notre alter ego, juste un modèle à suivre, un élève doué, comme le jeune prince d'un royaume dont nous n'étions encore que des figurants sans nom. Duke Ellington avait Billy Strayhorn au deuxième piano, dirigeant l'orchestre, composant à l'occasion quelques petits joyaux comme *Take the A Train*. M. Verdino avait Djamel, qui tenait le tapis et la distribution des rôles.

De ce premier professeur, je crois encore entendre la voix, et son visage n'est pas dissociable de mes jeunes années. Comme la plupart des maîtres que j'ai rencontrés, il était la noblesse et la sérénité, enfin je le voyais comme ça. Il semblait sortir d'un pays lointain. Les gestes, les signes et les mots, tout donnait envie de découvrir la suite. Au moment où j'écris ces lignes, j'ignore si M. Verdino est encore de ce monde. Pour les enfants que nous étions, il était immortel.

Il n'y avait aucune poésie dans ce lieu sans charme, pas même une fenêtre qui rappelait le dehors, à part des vasistas qui donnaient sur un ciel gris et filtraient la lumière. Mais la foule d'enfants qui emplissait la pièce suffisait à donner de la vie à ce dojo de fortune. On avait prêté un kimono à chacun, ainsi qu'une ceinture blanche découpée aux ciseaux à partir d'énormes rouleaux qui brillaient comme des guirlandes, en autant d'exemplaires que de couleurs différentes : jaune, orange, verte, bleue, marron. Nous jetions un regard plein de gourmandise et de frayeur : chacune représentait les grades qu'un jour peut-être nous pourrions acquérir.

Les premiers temps, M. Verdino ouvrit le cours en nous disputant parce que nous oubliions de saluer le tapis. C'est dans la tradition japonaise que de se pencher pour marquer la déférence qui sied à telle circonstance ou à tel interlocuteur – aussi parce que, se serrer la main, c'est microbien. « Avant la lutte, le sage salue humblement son adversaire », dicte Confucius, plus noblement. Les Japonais se courbent tout le temps, on voit ça dans les mangas, les films de Mikio Naruse et les conférences internationales. Alors, à coups de *ritsurei* (le salut debout) ou de *zarei* (le salut à genoux), en judo, il faut respecter le tapis, le maître, les partenaires et le reste. J'en appris l'usage, ignorant que je le ferais des milliers de fois et qu'à mon tour je l'imposerais d'un ton sévère à mes propres élèves.

Le salut est ce qui fonde le rapport à l'autre, à l'entraînement comme en compétition. Quelque chose se met en place, immédiatement égalitaire, pacifique et solennel. Les escrimeurs et les danseurs ont la révérence, les judokas ont le salut. Quand s'embrasser entre hommes, se serrer la main ou se soumettre à des codes de rappeurs à coups de poings bagués ne dit souvent plus rien d'une sincérité qui disparaît derrière l'automaticité néo-mondaine et la coutume urbaine obligatoire, le salut sur le tapis n'a d'égal en volupté que l'*abrazo* argentin, un autre geste qui vous oblige.

Les premières semaines se déroulèrent comme dans un rêve. Sans tyrannie, le maître imposait sa discipline. J'ai raconté l'apprentissage de la chute et les concours de roulades. Je commençais à briller : s'élancer au-dessus de plusieurs partenaires était devenu mon exercice favori et je salivais d'avance quand arrivait le moment des épreuves. C'était toujours dans le premier tiers de la séance, juste après l'échauffement. Ensuite venaient les études techniques, d'abord au sol, puis les projections debout. Le maître remarqua que je mettais dans l'accumulation des exercices un certain entrain. Un jour, il réclama le silence et m'appela au centre du tapis.

Trois mois s'étaient écoulés depuis l'ouverture de la saison. Comme le passage de la ceinture jaune approchait, le maître testait parfois certains d'entre nous. Je ne me fis pas prier. Je choisis un partenaire qui ne rechignait pas à chuter et dont la tenue, le corps et le poids m'étaient agréables. Il serait *uke*, celui qui chute ; je serais *tori*, celui qui fait chuter. Appliqué et prudent, j'apposai la main droite sur le revers de son kimono, et agrippai ma main gauche à sa manche, doigts serrés sur le tissu rêche. Mon partenaire fit de même. Entre plaisir et peur, j'exécutai d'abord *ô-goshi*, un mouvement dont la traduction littérale est : grande (*ô*) hanche (*goshi*), signifiant « grande projection par la hanche » ou « grande *prise* de hanche » puisque, après une phase visant à le déséquilibrer, on projette l'adversaire en le faisant basculer par un déhanchement. En VF, on l'appelait alors le « onzième de hanche ».

J'enchaînai de chaque côté avec la même aisance : les gauchers sont plus ambidextres que les droitiers, comme on le sait. Mon partenaire, lui, pensait surtout à soigner sa chute : nette et bruyante, elle contribuerait à la réussite de l'ensemble.

Après ô-goshi, ce fut *ô-soto-gari*, ou « grand fauchage extérieur », puis *ippon-seoi-nage*, « projection en chargeant sur le dos par un point ». Peu à peu, le trac laissait place au plaisir. Je fis étalage de tout mon savoir-faire et y mis spontanéité et conviction – même à cet âge, on comprend que ça compte. Je me risquai même à exécuter un mouvement qui n'était pas au programme mais que je m'étais exercé à faire en cachette, sans l'avoir officiellement appris. Le maître ne montra aucun étonnement et ne corrigea pas mes gestes. C'était bon signe.

Il me demanda juste de prononcer à voix haute le nom des mouvements. Facile : la sonorité de cette langue, qu'on croyait parler parce qu'on en connaissait cinq mots, était magique. Puis, il claqua dans ses mains et invita un autre élève à faire de même. Je saluai « mon » uke, qui avait été parfait – je lui revaudrais cela – et retournai me mettre à genoux, crâne. J'avais passé l'obstacle. Nous étions encore dans les douceurs de l'automne. À quelques semaines de là, la ceinture jaune m'était promise.

Si on cherche les traces de ce qui fait une vie, une entrée en scène, une lumière dans la tempête, cela en fut une. C'est la première fois que j'étais l'objet d'une telle attention. Quelqu'un qui n'était pas ma mère, pas mon père, pas cette tante adorée qui me prenait chez elle l'été à Chougnes, quelqu'un qui n'était pas de ma famille portait sur moi un regard bienveillant. Une deuxième enfance commençait. Je ressentis l'exquise sensation d'exister. Ça ne tient à rien, ces choses-là.

7

Douze tatamis

Pur Tokyoïte, Tatsumi Yoda est aussi un citoyen de la planète cinéma. À la tête de Gaga Corporation, il court les festivals et les marchés professionnels pour acheter, vendre et distribuer le meilleur des films d'auteur qu'il offre ensuite au public de son pays, dont on sait la jeunesse et l'enthousiasme inégalables. Lui pareil, à sa façon, et à plus de quatre-vingts ans : *Tom* Yoda, comme il est appelé par le métier, est capable d'un aller-retour Tokyo-Paris express pour débarquer au saut de l'avion dans les bureaux de Cannes plaider la cause d'un cinéaste dont il s'est épris et en repartir satisfait, n'ayant rien laissé au hasard, y compris de nous recommander ses vins français préférés. « Je ne viens pas pour vous influencer mais pour vous montrer mon amitié », nous lâche-t-il, ce qui est précisément une façon de nous influencer. « Aussi vous dire que j'ai beaucoup d'attachement pour Cannes ! » ajoute-t-il, moitié sympa, moitié yakuza. Et devant nos jeunes collègues éberlués par l'exotisme du personnage, il part dans un grand éclat de rire car il sait toute tentative de corruption vouée à l'échec.

Un instant, le producteur affable dévoile le conquérant pugnace qu'il fut dans une jeunesse batailleuse dont j'aime imaginer que des tatouages effrayants, sous l'impeccable coupe de ses costumes, en portent la trace ineffaçable. Mais avec Christian Jeune, qui dirige le département Films de Cannes, la comédie nous amuse, nous sommes tous des sentimentaux, quoiqu'on ne plaisante pas longtemps sur le sujet : dans ces situations, les Japonais, c'est nous, et à fleur de sabre. Ses bonnes manières reviennent vite, comme le cinéma qui ne cesse jamais d'alimenter ses conversations. « Hirokazu Kore-eda est en train de faire son plus beau film », m'a-t-il chuchoté un soir, en habitué du *teasing*. L'œuvre s'appelait *Une affaire de famille* et, en mai 2018, elle gagnerait la Palme d'or à Cannes.

La rumeur dit que c'est de lui, Tom Yoda, dont George Lucas se serait inspiré pour le personnage de… Yoda dans *La Guerre des étoiles* lorsqu'ils se sont rencontrés au début des années soixante-dix. Pas sûr que ça soit vrai. Les spécialistes de la saga ont d'autres interprétations : Lucas, que l'échec de son premier film *TH 1138* n'empêcha pas de signer à l'hôtel Carlton, sur la Croisette, un contrat pour un « petit film de science-fiction » – « de chevaliers galactiques, de seigneurs noirs, de lumière et de mort, tout ça » – aimait, paraît-il, la philosophie orientale et *Yoddha*, en sanskrit, signifie « guerrier », et *Yodea*, en hébreu, « celui qui sait ».

Qu'il soit ou non à l'origine du petit homme vert créé par Frank Oz, voilà dessiné le personnage de Tom Yoda, qui parle anglais un peu comme son homonyme – en VF : « Beaucoup, encore, il te reste à apprendre. » Malgré les années, il continue à faire preuve d'une stupéfiante énergie et d'un engagement artistique sans faille. Aussi, d'une tempérance dans la vie et d'un goût très sûr dès qu'il s'agit de choisir un restaurant – il en possède deux lui-même, calmes et raffinés, de ceux que l'on trouve à Tokyo, loin de ces établissements mondialisés pleins de bruit pour imiter les Américains et de serveurs désagréables pour imiter les Français. Bref, Tom Yoda ne plaisante pas quand il s'agit de passer à table.

Il y a peu, j'ai répondu à son invitation pour la sortie au Japon du film *Lumière ! L'aventure commence*. J'ai atterri à l'aéroport de Narita avec cette sensation familière, identique à celle que j'éprouve dans celui d'Ezeiza à Buenos Aires, cette idée que ce pays était à moi depuis toujours. J'ai été immédiatement entouré d'une ribambelle de jeunes gens qui m'ont transporté de l'aéroport au centre-ville dans un mini-van conduit avec vélocité par un chauffeur aux gants blancs qui ne s'arrêtait pas aux péages. Comme il me sait judoka, Tom Yoda m'a fait la surprise de me conduire au Kodokan – ça tombait bien, c'est toujours ce que je fais en arrivant à Tokyo.

En janvier 1882, diplôme de l'université de Tokyo en poche, dans le domaine des sciences politiques et économiques, Jigoro Kano envisage la suite. « Lorsque j'étais jeune, je pensais devenir Premier ministre ou multimillionnaire, dira-t-il. Mais devenir Premier ministre, n'était-ce pas être un homme sans grande valeur, et n'était-il pas ennuyeux de devenir multimillionnaire ? J'en suis arrivé à la conclusion que c'est uniquement à l'enseignement que je vouerais cette vie, sans regret pour moi. » Comme un prêtre faisant vœu de pauvreté, il se dévouera à l'humble destin des précepteurs. Il devient chargé de cours dans une institution éducative de la capitale voulue par l'empereur, le Gakushū-in.

Et, en mai 1882, quinzième année de l'ère Meiji, Kano, qui n'a pas encore vingt-deux ans, ouvre sa propre « salle de jujutsu » qu'il baptise le Kodokan Judo, c'est ainsi que le sport nouveau qu'il décide d'enseigner sera nommé dans les premiers temps. Il l'installe rue Kita-inari, arrondissement de Shitaya, dans le petit temple d'Eishoji. Le premier inscrit s'appelle Tsunejiro Tomita, dix-sept ans et demi, que le néo-*sensei*, le maître débutant, connaît depuis toujours. Entre juin et août, d'autres élèves viennent le rejoindre : Naruyasu

Higuchi, Tamakichi Nakajima, Toraoro Matsuoka, Noribumi Arima et son cousin Noriomi. Puis, vers la fin de l'année, ce sont Genjiro Amano et Kaijiro Kawaï. Entre-temps est arrivé le plus extraordinaire d'entre eux : Shiro Saigo, qui n'a que quatorze ans. Le monde ignore qu'ils existent et eux ne le savent pas non plus. Ils sont une poignée, neuf exactement. « Comme les douze apôtres ! » conclut un ami, qui me laisse sans voix.

L'histoire des hommes illustres comporte toujours un moment clé qui infléchit leur destin et fait le bonheur des biographes. Rien de tel chez Jigoro Kano, qui a entrevu très tôt son destin. Il suscite l'étonnement de ses pairs qui ne comprennent pas, en ces temps dominés par le désir d'occidentalisation, l'intérêt qu'on peut porter à une discipline quasi proscrite. Kano sait ce qu'il fait, privations comprises : si le soir, il est le premier sur les tatamis à accueillir ses élèves, le jour, il est professeur en sciences politiques. Alourdissant sa charge, il effectue pour subvenir à ses besoins des traductions d'anglais – il l'a appris à l'académie de Shibei Mitsukuri et le parle si couramment que, souvent, il écrira son journal dans la nouvelle langue internationale. Il fut aussi l'un des premiers Japonais à pratiquer le base-ball.

Il investit tout son salaire dans le Kodokan. Le projet est fragile, les lieux exigus. Dans la salle d'entraînement, on a fait disparaître lanternes et bougies, et replié rouleaux et paravents qui faisaient la mode des intérieurs traditionnels. Douze tatamis de quatre-vingt-dix centimètres de large sur un mètre quatre-vingts de long emplissent la pièce. Vingt mètres carrés, le tapis est donc petit ; au XXIe siècle, la salle plus grande rassemble quatre cent vingt tatamis, soit près de sept cents mètres carrés. En ce début d'été 1882, le petit temple continue d'accueillir des cérémonies bouddhistes mais, comme il est de construction précaire, le mouvement perpétuel des judokas n'en ménage pas la tranquillité. Kano transforme ses élèves en menuisiers de fortune et leur demande de renforcer les fondations comme de sécuriser la solidité des charpentes. L'histoire se répétera souvent : combien a-t-on vu de professeurs ou de présidents de club construire de leurs mains leur propre dojo ?

Au sein du cours Kano, la solidarité va de soi, la promiscuité est assumée, les repas pris en commun. Le maître, qui attachera toujours une certaine importance à l'allure des choses, impose rigueur et propreté. Tomita est chargé de préparer les *keikogis*, ces vêtements d'entraînement qu'on n'appelle pas encore *judogi*. Le terme *kimono* qui le désigne habituellement ne s'applique qu'au vêtement traditionnel japonais des époques antérieures à Meiji.

Il apprend à ses élèves plus que le judo, il les encourage, les conseille et les émancipe. Prenons le jeune Yoshitsugu Yamashita : il intègre le Kodokan en 1884 à l'âge de dix-neuf ans. Impétueux et suractif, il va s'assagir et devenir le meilleur assistant du fondateur, qui lui confiera la responsabilité de la première succursale ouverte à l'Université impériale, puis l'enverra aux États-Unis porter la bonne parole. En 1935, Kano attribuera à Yamashita, à titre posthume, la première ceinture noire 10e dan.

Pour l'engagement personnel, on reste dans l'irrévocable, en témoigne le règlement de l'établissement : « 1) Au Kodokan, je ne cesserai jamais de pratiquer sans motif valable. 2) Je ne déshonorerai jamais la réputation de ce dojo par ma conduite. 3) Je ne dévoilerai jamais les secrets qui me seront enseignés et n'irai pas étudier le judo ailleurs sans autorisation. 4) Je n'enseignerai pas le judo sans autorisation. 5) J'observerai les règles non seulement pendant mon étude au Kodokan, mais aussi lorsque j'enseignerai le judo – après y avoir été autorisé. » Ce serment, les élèves le prêtent en signant… de leur sang ! On n'en demande pas autant en ce début de XXIe siècle.

Quelques déménagements plus tard, Kano compte une vingtaine d'élèves. Les premiers arrivés sont devenus les plus gradés. Sur le tapis, le maître dirige et expérimente à la fois. De ce point de vue aussi, il est confucéen : « Le sage commence par *faire* ce qu'il veut enseigner ; ensuite, il enseigne. »

Il importe d'être plus fort que ses élèves, ou disons différent – tous les professeurs le savent. L'histoire ne dit pas tout, cependant : quand a-t-il *appris* le judo ? Comme Lumière dont on a longtemps ignoré qu'il était aussi un grand cinéaste (et lui-même ne dissertait pas sur le sujet), il est évident que Kano est un bon judoka – ça se voit sur les films qui restent. L'un et l'autre ont *créé* ce qu'ils ont inventé. Sur le tapis, Kano évalue des techniques auxquelles il a eu accès dans ses années d'étude, certaines désignées par des noms précis, d'autres pas encore. Il les renomme et les répartit de façon rationnelle. Les premiers temps, entre 1882 et 1899, quelques prises sont utilisées. Bientôt, elles iront constituer plusieurs ensembles cohérents. Un judoka, et *a fortiori* un professeur, ce professeur que j'étais, connaît tout cela par cœur.

Aucun mouvement dangereux n'est toléré : Kano retoque tout ce qui peut blesser. Le judo sera une discipline dotée de règles précises, comme la boxe ou la lutte, le karaté ou le sambo qui utilisent un arsenal technique et un paysage mental pour penser le monde autrement que comme une lutte bestiale.

Dans une époque où le sacré a repris du poil de la bête, les judokas dégainent leur Jigoro Kano. Il est fort possible que la fascination qu'il continue d'exercer tienne à ce qui semble être une modestie, une discrétion, un quasi-mutisme. Une décence dont témoignent ces documents qu'on trouve encore au Kodokan. Sur les rares photos d'époque, il se tient *silencieusement*. Jeune, il ressemble à un sage – vieux, pareil. Il a ce visage poupin auquel l'habit traditionnel puis la moustache donneront de la légende. Il est avisé et instruit. Il écrit beaucoup, ce qu'on sait peu en Occident, sauf Yves Cadot, un historien qui va à la source, et à la langue. Ce professeur d'université, lui-même 6e dan, a tout lu, en version originale, pour y puiser de quoi publier dans l'excellente revue *L'Esprit du judo* de brillantes chroniques aux titres éloquents : « Le dojo, une lumière dans la nuit » ou « Être mobile, l'art du judoka ». Des judokas ont été de grands lecteurs, avides de revenir aux origines.

Adulte, Kano l'a été dès la mort de sa mère. Exalté par son sens du devoir, il devient un messager, un guide, un inspirateur. Il pense le judo comme un sport et non une simple méthode de combat ; un dépassement de soi-même, pas un affrontement avec le grand Ennemi invisible. Ici, aucun passé mythologique, aucun monastère niché sous la neige entre éperon et falaise à deux mille mètres d'altitude, aucun vieux maître à barbiche marchant seul sur la montagne en pensant à quelques haïkus définitifs. Le judo sera urbain et moderne, imaginé par un homme à peine plus âgé que ses premiers élèves. Une forme est en train de naître. Issue du jujutsu, elle procède du même principe : feindre de céder pour mieux renverser. Le reste, le *randori*, le *shiai* et les *katas*, arrivera ultérieurement – comme dans ce livre.

Tokyo, Kodokan International Judo Center. Au premier étage, le bâtiment abrite un petit musée dont le directeur m'offre une visite emplie d'amabilité. Il s'avoue surpris que le directeur du Festival de Cannes soit aussi judoka, plus encore lorsqu'il me voit me précipiter sur les documents d'époque en citant le nom des pionniers à haute voix comme si c'étaient de vieux oncles et m'extasier sur les vitrines pleines de reliques et de photos de famille – la mienne, de famille. Tout ce que j'avais lu enfant dans *France Judo* me revient, en particulier la saga de Shiro Saigo qui était alors mon héros.

En guise d'hospitalité, alors que nous changeons d'étage, il me laisse arpenter au septième niveau l'immense aire d'entraînement. Le tapis, vous le savez maintenant, il faut le saluer en entrant et en le quittant. Monter sur le tapis : j'ai fait ça des milliers de fois, et voilà que je répète naturellement tous les gestes, alors que rien ne m'y force. Tout le monde est en chaussettes. Je m'éloigne pour prendre la mesure des lieux, mimer quelques balayages et autres combinaisons sophistiquées dont le souvenir me revient instantanément.

Le directeur m'invite à m'asseoir dans le grand fauteuil en bois depuis lequel le *sensei*, le maître, surveillait ses élèves. Privilège rare, me dit-il – j'en suis impressionné. Dominant les lieux et la chaise vide, la photo du créateur. Il n'est jamais difficile de rencontrer Jigoro Kano : il suffit d'aller dans n'importe quel club et on le verra trôner en bonne place dans l'entrée, sur le mur, au-dessus du tapis principal ou dans un endroit fabriqué à dessein dans un décor japonisant, son visage apparaissant comme Jésus au fond du retable de l'autel. Aucun autre inventeur de sport n'a ce privilège. Qui a fondé le football et le tennis ? Les judokas du monde entier connaissent son nom, et son portrait accroché aux murs de tous les dojos de la planète relève de la même obligation imposant le président de la République dans la salle des mariages des mairies de France. À Lyon, nous aurions dû nous en inspirer et exiger partout l'image de Louis et Auguste Lumière ainsi qu'une plaque à leur nom dans tous les cinémas d'Europe, d'Amérique et d'Asie. Un communicant suprême, Jigoro Kano.

Tom Yoda, éberlué par la force d'un sanctuaire et la symbolique d'une discipline qu'il semble découvrir, s'amuse de l'intérêt que je porte à tout ça et de mon projet d'en faire un livre. Après la visite, nous filons à travers les avenues de Tokyo pour rejoindre l'hôtel Cerulean, dans l'arrondissement de Shibuya où les néons scintillent déjà. Puis, pour « affûter notre sensibilité au saké » comme l'écrivait Antoine Blondin lorsqu'il couvrait les Jeux de Tokyo, nous décidons d'aller à Shinjuku, cet arrondissement où l'on se croit encore dans le Japon urbain des années soixante, des films de Nagisa Oshima et du *Rififi à Tokyo* de Jacques Deray. Là, nous arpentons les ruelles de Golden Gai, ce district jadis mal famé devenu le haut lieu du tourisme nocturne de la ville.

Des lanternes rouges accompagnent les enseignes étincelantes et les portes de dizaines de gargotes minuscules, forteresses de la solitude pour voyageurs paumés. Comme de tradition, nous prenons la direction de La Jetée. J'ai apporté l'affiche du film *Lumière !* pour l'offrir à Mme Kawaï, la patronne de ce bar mythique que fréquentait Chris Marker et que filma Wenders pour son hommage à Ozu. Ici, tout a valeur de relique. Tomoyo, c'est son prénom, me demande de la signer et me promet qu'elle figurera à côté de ses photos de *Zéro de conduite* et des posters japonais des films de Godard. Le cinéma de Lumière revient au Japon.

Devant sa bière, Tom Yoda s'intéresse maintenant à Jigoro Kano et à la naissance du Kodokan. Devant la mienne, je lui explique qu'il fallait être intrépide pour s'emparer d'un art martial désuet alors que le Japon s'ouvrait à la modernité et le transformer en un sport pratiqué dans le monde entier. En 1882, l'atmosphère n'est plus la même dans le pays. Avec la Constitution impériale et l'instruction obligatoire, le judo va devenir le plus bel enfant de l'ère Meiji. La « geste Kano » commence dans ces années-là. Il n'a pas idée de l'immortalité dans laquelle cette invention le projette. Son enseignement est baptisé de deux caractères chinois : *ju-do*. *Ju* : la souplesse. *Do* : la voie. *Jitsu*, la technique. La voie de la souplesse plutôt que la technique de la souplesse. Nuance.

La victoire du judo sur le jujutsu, c'est celle de Lumière sur Edison, sans vouloir tout ramener au cinéma. Il *fallait* que le cinéma soit un spectacle, il fallait que le judo devienne un sport. Judo et jujutsu, un rien les différencie, une nuance légère, qui en dit long : l'immuabilité d'une pratique ancestrale contre la modernité d'une idée qui se déploie. « On ne se définit pas par des positions, écrira un jour Michel Foucault. On se définit par des trajectoires. »

8

Les années soixante-dix commencent

Ça n'est pas facile de trouver un sens à sa vie, le judo en donna un à mon enfance. En septembre 1970, EDF ouvrit un centre de loisirs d'une dizaine d'hectares dans le village de Sainte-Croix, dans la Dombes, un pays d'étangs et d'oiseaux sauvages situé au nord de Lyon : château néo-médiéval, pigeonniers ancestraux, bâtiments préfabriqués montés à la hâte, réfectoires destinés à quelques agapes associatives et champs à perte de vue, le paradis pour une liberté à conquérir. Chaque jeudi matin, plusieurs cars récupéraient les enfants disséminés dans la ville et les ramenaient le soir. L'après-midi de sport devenait une journée de plein air dont le judo était l'acmé. Pendant trois ans, j'y vécus un bonheur parfait, à peine tempéré par quelques tracas d'enfance qui dévastent l'existence sur le moment et dont on se souvient avec délectation. M. Verdino était toujours là et dispensait son enseignement dans un lieu plus coquet, moins bricolé, plus dojo.

À dix ans, je découvre la vie de groupe grâce à l'extraordinaire réseau d'actions sociales et culturelles d'EDF, fruit, à la Libération, de l'union improbable entre le général de Gaulle et la CGT qui protégeaient avec une conviction qui n'est visiblement plus de mise au XXIe siècle les biens publics non négociables : l'eau, l'énergie, les transports, etc. Les centres de loisirs et les colonies de vacances, tout me profite. Avec le judo et ses codes pour structurer ma conscience sociale balbutiante : la formation des groupes, les devoirs communautaires, je comprends tout ça, je fais feu de tous les bois qui se présentent à moi. Sans doute me suis-je dit que la vie pouvait se dérouler comme dans un centre aéré, et cette suractivité qui dicte ma manière d'être a débuté là. Un jour, un médecin m'annonça que j'étais sujet au stress et, comme il vit que cela m'étonnait, il précisa : « Je parle du stress *physique*. Pour le dire autrement : vous êtes un peu remuant. »

Le judo, j'ai aimé ça tout de suite et j'ai su d'emblée que ça serait le sport de ma vie. J'en ai senti la puissance, l'esprit, l'espace, le bruit, et je n'ai pas économisé mes forces. Rétif aux travaux de la maison, j'étais celui qui balayait le tapis avant la leçon, indiscipliné en classe, celui qui tançait les bruyants qui dérangeaient le maître pendant qu'il parlait. Grisé par ce nouvel enchantement, je rêvais, le plus sérieusement du monde, de devenir « assistant de professeur de judo ».

Comme métier, je veux dire. Chacun dans ma famille comprenait qu'il n'y avait aucun caprice de ma part dans cette flamme qui semblait me brûler.

J'avais l'énergie d'un enfant de mon âge et l'envie de tout dévorer sur mon passage. Plus tard, je compris que le judo est un sport de sagesse. On me l'aurait dit alors que j'aurais ouvert de grands yeux. J'avais une jeunesse heureuse et ne souffrais de rien. De là une nature qui ne m'a pas quitté et qui m'empêchera, à l'heure de la confession finale, de feindre le découragement. Elle m'a placé aujourd'hui contre le vent de l'époque : je ne serai pas là quand il faudra détester et attaquer, pétitionner et se victimiser. Je suis juste de ceux qui voient les choses du bon côté.

Comme mes initiales étaient T.F., les mêmes que celles de mon village natal, Tullins-Fures, ce qui me rendait très fier, un moniteur m'avait surnommé « Tout-Fou » et c'est comme ça que tout le monde m'appelait à Sainte-Croix. Cela me faisait-il plaisir, cela me vexait-il ? J'ai oublié ; en tout cas, c'était affectueux, je n'allais pas porter plainte non plus. Surtout que ça n'était pas immérité. J'étais dans tous les coups, le dernier à descendre du bus et à monter se coucher, le premier à chanter à table et à chahuter en classe. En cours, une fille dit : « J'ai froid », à voix haute ; je propose : « Tu veux que je te réchauffe ? » Bam, une heure de colle. Nous n'aurions pas fait grand-chose, nous avions douze ans – je me souviens d'avoir fait sourire la prof. Sur l'estrade, je l'avais impressionnée en récitant ces quelques lignes de *Tartuffe* que je connais encore par cœur :

Ah ! pour être dévot, je n'en suis pas moins homme,
Et lorsqu'on vient à voir vos célestes appas,
Un cœur se laisse prendre, et ne raisonne pas.
Je sais qu'un tel discours de moi paraît étrange,
Mais, Madame, après tout, je ne suis pas un ange.
Et si vous condamnez l'aveu que je vous fais,
Vous devez vous en prendre à vos charmants attraits.
Dès que j'en vis briller la splendeur plus qu'humaine,
De mon intérieur vous fûtes souveraine.

L'énergie dépensée sur le tapis de judo, les terrains de foot, les pistes de ski et dans les cours de récréation compensait le sentiment d'une quotidienneté qui flirtait souvent avec l'ennui. L'ennui des longues routes dans des voitures inconfortables qui ne démarraient pas toujours le matin, l'ennui des trains de nuit et des compartiments bourrés de monde et de valises qui tombaient, l'ennui des autocars qui nous emmenaient loin de chez nous et qui sentaient la mandarine et la banane, l'ennui d'attendre chez le médecin, chez le coiffeur, chez le proviseur, chez le curé, partout. L'ennui des enfants qui doivent patienter toujours et écouter sans cesse. L'ennui devant un monde qui se refusait à nos envies. L'âge d'être soi approchait avec une lenteur qu'on prenait pour une interminable souffrance, cette lenteur qu'on aimerait tant une fois adulte voir revenir imposer sa force et ralentir le cours de nos vies. Je me souviens de ça, des surgissements de paysages inattendus à nos regards perdus aux fenêtres, de cette solitude et ce désœuvrement dont sont privés nos enfants saturés de divertissements de smartphone qui ne remplaceront jamais les chansons entonnées en famille, la nicotine qui laissait flotter dans l'habitacle une odeur douce et sulfureuse, un père qui vous raconte l'histoire de son propre père, la découverte collective d'*Atom Heart Mother* des Pink Floyd sur une cassette audio au son approximatif dont le lecteur était posé dangereusement sur le tableau de bord, les concours avec les frères et sœurs des numéros de département ou de qui verra le premier arriver une R16 blanche en sens inverse.

Le judo était entré dans mes veines. J'ignorais que j'allais faire un si long voyage. Le jeudi était devenu le jour sacré où je retrouvais le club. À obéir aux codes, aux leçons, aux traditions, à prendre le temps de répéter un mouvement afin qu'il soit parfaitement exécuté, l'enfant turbulent que j'étais se métamorphose en élève discipliné. Traînant toujours pour faire mon cartable, je prépare mon kimono la veille de chaque entraînement. Tout fier, j'apprends à ma mère comment le laver, comment le plier.

Les leçons duraient une heure et c'était soixante minutes d'exubérance, corps battant et cœur chantant. D'un mot, d'un geste, le miracle d'apprendre opérait sans faillir et agissait comme un serment sur nos âmes d'enfants. Quand tout s'achevait, je ressentais une tristesse à peine tempérée par l'assurance de recommencer la semaine suivante. Un bref retour au calme au moment du dernier regroupement et, tous à genoux, nous attendions le « *Rei !* », cette injonction en japonais que le maître prononçait à voix haute pour clore la séance. Il était temps de quitter les lieux – sans omettre de s'incliner et de faire le vide : le temps s'arrête à l'instant de saluer le tapis.

Dans le vestiaire, l'agitation était vive, nos cris se mêlant au brouhaha des parents venus nous chercher. Le soir, je notais sur une feuille de papier les noms des prises en japonais. Des sonorités énigmatiques, des mots nouveaux revenaient : *goshi*, *ashi*, *gari*, *uchi*, et grâce aux tableaux synoptiques accrochés aux murs du dojo, je commençais à comprendre comment Jigoro Kano avait organisé son enseignement. Je ne pensais plus qu'à ça, je savais que ce sport était fait pour moi. Un parfum prodigieux flottait dans l'air : le judo m'emmenait ailleurs.

À Noël, j'avais obtenu la ceinture jaune. Rien de compliqué pour qui s'en donne la peine : exécuter parfaitement les chutes, trois mouvements debout et trois au sol, bref répéter en examen ce qui se pratiquait en cours, moment solennel lesté d'un peu de trac puis d'un grand soulagement. Ceinture jaune et première étoile ont été mes premières récompenses. En janvier, tout avait changé : ne plus être ceinture blanche offre un sentiment d'appartenance et d'antériorité, et autorise à toiser n'importe quel débutant qui débarque dans le club.

Un jour, on m'apprendra à repérer ce qu'il y a de remarquable dans notre monde, j'étais alors trop jeune pour en juger, mais je voyais quelque chose que je n'avais pas rencontré ailleurs. Les années soixante-dix s'ouvraient de façon radieuse – ça reste ma décennie préférée et ma passion nouvelle y fut pour beaucoup.

9

La mort volontaire au Japon

Un matin d'automne 1970, l'écho sismique d'un événement extraordinaire secoua la cour de récréation du collège. À Tokyo, disait la radio, quelqu'un s'était donné la mort en direct à la télévision. À l'époque, on ignorait tout du Japon, on attendait les jeux Olympiques de Sapporo, qui seront de triste mémoire pour le ski français et on connaissait le mot *Hara-kiri*, mis à la mode par une bande de dessinateurs « bêtes et méchants » – et indisciplinés. On allait découvrir dans des îles du Pacifique que des combattants japonais ignoraient que la Seconde Guerre mondiale était terminée, mais nul ne possédait de bonsaïs, aucun Occidental ne se risquait à écrire des haïkus, d'ailleurs personne ne savait ce qu'était un haïku, et les bars à sushis ne proliféraient pas dans les quartiers chics des villes du monde.

J'avais un an de judo dans les jambes. Jigoro Kano était le premier Japonais dont je connaissais le nom, le premier étranger, peut-être, avec Che

Guevara et Neil Armstrong – avec ces deux derniers m'est vite apparu le sens binaire du monde.

Comme il était impossible de séparer la pratique de ce sport et la connaissance de ses origines, cela me conduisit à compulser avec avidité tout ce qui le concernait. C'était le temps des premières lectures conscientes et volontaires – elles se résumaient jusque-là à ce que l'on nous rendait obligatoire, une corvée souvent, sauf *Le Tour du monde en 80 jours*, dévoré en une semaine. Plus tôt, je m'étais passionné pour les divinités antiques, et les *Contes et légendes de la Grèce et du monde barbare*. Ulysse fut mon premier héros, et sa divinité protectrice Athéna mon premier fantasme féminin. Aphrodite, qui s'occupait d'amour, je m'en fichais, moi c'était Athéna, l'art et la guerre. Et Ulysse. Et je ne suis pas le seul à qui le guerrier errant apprit qu'une vie éloignée de la fureur du monde ne valait pas la peine d'être vécue mais que, un jour, il fallait rentrer chez soi.

Nouvellement obsédé par tout ce qui ramenait au Japon, je voulus en savoir plus sur l'épisode incongru dont le monde entier parlait. En classe, un garçon se vantait : « Vous savez quoi ? Le Japonais, il s'est ouvert le ventre et après il s'est coupé la tête. » J'ignorais qui était ce Mishima mais, de loin, tout à mes inclinations nippones, je trouvais ça impressionnant, de mourir en seigneur moyenâgeux. De loin, car j'étais bien trop jeune pour comprendre ce geste, en saisir le sens, la violence et la folle transcendance.

Au milieu des années quatre-vingt, le film de Paul Schrader, *Mishima : A Life in Four Chapters* fit irruption sur les écrans de cinéma et, deux ans après, Maurice Pinguet publia *La Mort volontaire au Japon*. Produit par Francis Coppola et George Lucas, et sublimé par John Bailey à la photographie et Eiko Ishioka aux costumes, le *Mishima* de Schrader révèle une figure inquiète et fantasque, dévoile un homme toujours hors de son époque, s'attachant à son pays toujours de manière anachronique : occidentalisé en artiste dandy, virant tradition à la fin des années soixante en samouraï-idéologue-armée-privée ; le Japon de son temps n'était jamais le sien. Marqué par la capitulation de 1945, défenseur de la pureté des corps autant que du salissement des âmes, du code du bushido comme du marquis de Sade, l'écrivain le plus souvent photographié torse nu de l'histoire de la littérature regrettait d'être encore vivant à plus de quarante ans. Sans doute son suicide se voulait-il fidèle à un serment d'enfant inspiré par la jeunesse des kamikazes sacrifiés et recelait un idéal de vie paradoxal : il faut savoir mourir à l'heure.

« Là-haut, je crée l'action au soleil ; là, je crée l'art dans l'ombre », dit Mishima dans le film de Schrader. Écrire n'aura été que d'un secours intermittent à cet être narcissique et autodestructeur, étranger à un monde qui ne voulait pas de lui mais dont il se protégeait par sa célébrité pour mieux penser à le quitter violemment : Mishima, qui multipliait les vies parallèles, familiales, sexuelles et littéraires, ne sera pas parvenu à consommer dans ses fortunes multiples son désir d'absolu. Toute apogée annonce un déclin. Un jour, il lui a fallu défier sa propre sincérité alors qu'il avait raté de peu le prix Nobel. Quelque chose s'est rompu. Lorsque les rêves ne suffisent plus, que le réel exige le dû des engagements, le suicide est pour certains la plus belle des issues. Mishima mettra en scène le sien de façon spectaculaire, anticipant, d'un éclat si génial qu'il en frôla le ridicule, les actes médiatiques planétaires que notre histoire contemporaine avale depuis avec désinvolture.

D'après Maurice Pinguet, l'anti-conformisme de Mishima ne l'a jamais fait hésiter sur ses combats : « Il s'inspire de l'effervescence maoïste mais pour en prendre le contre-pied : à la Révolution culturelle, il oppose la Défense culturelle en vue de restaurer sous l'empereur l'unité du chrysanthème et du sabre. » Loyauté ultime : ce sera *hara-kiri*, pour frapper les esprits et rester fidèle à sa vision de l'histoire du pays. Un *seppuku* – le mot noble, venu du chinois, et que préfèrent les Japonais – à l'ancienne : s'enfoncer une dague courte dans les entrailles et achever sa propre agonie en se faisant décapiter au sabre long par un tiers, de préférence un proche, dans ce « suicide des amants » que les Japonais appellent le *shinju*. La mort par l'amour ou c'est à n'y rien connaître.

« Devenir écrivain, n'est-ce pas se vouer à la nuit qu'on porte en soi, au risque de s'y perdre », poursuit Pinguet, d'un trait qui dit définitivement l'intimité de l'acte. On sait le chagrin des survivants, qui peut connaître la motivation des partants ? Mille raisons expliquent leur geste et la seule valable est celle qu'on ignore. Les suicidés passent un pacte avec eux-mêmes. Nul besoin de commenter la fidélité douloureuse à une promesse insensée.

Après avoir achevé le dernier des quatre volumes de *La Mer de la fertilité*, car Marguerite Yourcenar, qui publia un essai sur lui, est convaincue qu'il en a écrit la dernière ligne au petit matin, comme à son habitude, Mishima se présente au ministère des Armées. Il est accompagné de quatre disciples de sa Société du bouclier, cette milice privée née deux ans plus tôt, et dont il aimait rassembler les dizaines de combattants au pied du mont Fuji – « Mishima », qui était un pseudonyme, est le nom d'un village situé à proximité du volcan japonais. Cette confrérie prétendait restaurer les valeurs fondamentales du pays en rendant à l'empereur les pouvoirs divins que la Constitution pacifiste de 1947, établie sous l'influence des Américains, lui avait supprimés. Lui a quarante-cinq ans, eux sont des hommes jeunes. Envoûtés par les paroles de leur chef et l'augure de son projet démentiel, ils sont boutonnés et sanglés dans un accoutrement militaire d'opérette qu'il a lui-même conçu.

Mais, ce mardi 25 novembre 1970, l'écrivain s'y prit n'importe comment. La presse s'interloqua, le peuple ne s'y intéressa pas, même la soldatesque se moqua. Et le texte-manifeste qu'il laissa, comme le poème, ce *waka* d'adieu, ne furent pas, d'après Nagisa Oshima, le cinéaste, ce qu'il écrivit de mieux. Ne resta que l'effroi d'un geste barbare et incompréhensible : « La guerre, c'est un morceau de fer dans un morceau de chair », écrivait Bertolt Brecht cité par Jean-Luc Godard dans *For Ever Mozart*. En s'ouvrant le ventre au katana, Mishima s'infligea une guerre dont il était le seul combattant.

La postérité de l'événement, sa courageuse radicalité et sa morale intime effaceront les interrogations narquoises et les quolibets sous lesquels on l'ensevelit alors. Après l'œuvre élégiaque de Schrader, il y eut *25 novembre 1970, le jour où Mishima a choisi son destin*, de Koji Wakamatsu, ex-gauchiste et ex-voyou, personnage touchant que je reçus à Cannes juste avant sa mort prématurée. Wakamatsu brilla avec *United Red Army*, sur la tumultueuse jeunesse japonaise des années soixante, et étonna en s'intéressant à un écrivain réactionnaire. Son film et celui de Schrader montrent la même scène, conservée par les actualités d'époque : après avoir pris le général Mashita en otage et repoussé ses gardes à coups de sabre car, utiliser une arme à feu, ç'aurait été faillir à la tradition, Mishima, la tête ceinte d'un *tenugui*, ce bandana de l'époque d'Edo utilisé par les kendokas sous leurs masques de fer, se présente sur le balcon dominant la cour. Il y appose des banderoles revendicatives soigneusement calligraphiées et demande qu'on rassemble les militaires de la garnison. Il leur jette des tracts par centaines puis exige la présence de journalistes.

Rapidement, des hélicoptères de la police arrivent sur les lieux, volent à proximité, couvrent la voix du tribun. Son discours, qui dénonce la corruption des politiques et la perte de la beauté (« L'argent et le matérialisme règnent », se plaignait-il souvent), ne convainc pas la foule d'uniformes, qui le conspue. En échec, Mishima quitte ce balcon qui n'aura pas été la tribune escomptée et retourne dans la pièce où, pétrifié, le généralissime s'étouffe de stupéfaction, et pas uniquement en raison des cordes qui lui lient mains et pieds, et du sparadrap qui l'empêche de parler. Alors que les forces spéciales s'approchent du lieu du drame, Mishima s'offre au dénouement final. Des quatre disciples qui l'accompagnent, trois ont été désignés pour survivre, le dernier, Morita, qui était son amant, l'accompagnera dans la mort : après avoir décapité le chef, il devra se tuer à son tour. Il n'y parviendra d'ailleurs pas.

Comme Jack London a décrit le suicide de Martin Eden avant de songer au sien, Mishima avait parfaitement expliqué le seppuku, dans une nouvelle publiée en 1961, comme si les deux écrivains voulaient valider par leur imagination la douleur et la beauté de l'acte. Dans *Patriotisme*, Mishima écrit : « Le seppuku, se dit-il, est-ce cela ? On aurait dit le chaos absolu, comme si le ciel lui était tombé sur la tête, comme si l'univers, ivre, titubait. [...] Il fut frappé, comme d'une chose incroyable, qu'au milieu d'une aussi terrible souffrance, ce qui pouvait être regardé pût encore être regardé et ce qui existait pût exister encore. » On n'est pas loin de la dernière phrase de *Martin Eden* : « Et quand il le sut, il cessa de le savoir. »

C'est la fin de sa présence sur terre. Mishima s'est ouvert le ventre. Pour gagner un peu de paix, néantiser le vieillissement de son corps et la défaite de ses rêves. Il n'y a rien entre la délicatesse du poète et la rage du militant, le pétale d'une fleur de cerisier qui descend lentement des branches de l'arbre et se pose ici plutôt que là.

Le surgissement contemporain de la « mort volontaire » à la mode samouraï reste définitivement associé à la figure de Mishima. Il en serait heureux, lui qui ne se consolait pas de considérer l'homme japonais comme un pleutre hypermodernisé et qui ne voyait comme guérison collective qu'un geste exemplaire pour rappeler à la population dévergondée par l'arrivée des poupées gonflables et la consommation effrénée du modèle occidental la puissance de son identité. Quelques mois plus tôt, il avait accepté un débat avec des étudiants protestataires. En prenant des risques : les extrémistes japonais n'étaient pas de ceux qui faisaient semblant. Il avait apprécié leur fougue et leurs idées jaillissantes, et conçu de la tristesse de ne pas les gagner à lui, les convaincre de combattre ensemble cet avenir plein de mauvais présages. En dépit du retour du nationalisme nippon dont on ignore si Mishima en aurait salué le malheur fait au peuple, Fukushima compris, le temps a accordé à l'écrivain la cohérence de sa pensée et le courage de son action. Yukio Mishima était un rêveur, pas un politique, juste un homme qui luttait contre sa nature et qui ne voulait pas que « sa littérature soit perçue comme le produit d'un corps chétif, anormal », comme l'écrivait Nagisa Oshima, l'auteur de *L'Empire des sens*, qui avait réfléchi sur ceux qui vont jusqu'au bout. « Avec le Mishima que je connais aujourd'hui, j'irais volontiers boire du saké », conclut le cinéaste.

Il y a une ferveur japonaise pour le suicide. Maurice Pinguet, que j'ai aimé relire pour écrire ce chapitre, dédie au sujet des pages admirables. Des statistiques le confirment et mieux, ou pire, il y a des lieux pour s'adonner à cette passion tragique, comme la forêt d'Aokigahara, cette mer d'arbres, d'ombres et de silence poussée sur une coulée de lave séchée au pied du mont Fuji, hantée par les *yurei*, les âmes errantes des morts, qui attire chaque année des dizaines de jeunes Japonais venus en finir, un mode d'emploi à la main. Autre époque, autres techniques, autres disparitions. Celle de Mishima venait de l'origine des temps et offrait au XXe siècle japonais le privilège de se projeter une dernière fois dans le passé. Car, de manière paradoxale, son geste rangea l'art du seppuku sur les étagères de l'Histoire : « Une vie s'acheva, qui achevait une histoire dont elle était le fruit, conclut Pinguet. Dans la brève et sanglante splendeur de ce soleil couchant se résuma et s'éteignit la tradition japonaise de la mort volontaire. »

J'avais dix ans. Je commençais à aimer ce monde, je le sentais m'appartenir, je désirais apprendre les arts martiaux, être un samouraï, silencieux comme un aïkidoka, agile comme un karatéka, manier le sabre comme un kendoka. Je voulais parler le japonais, le comprendre, le calligraphier. Je dessinais partout des soleils levants et parvenais à écrire quelques idéogrammes. Que savais-je vraiment de ce pays dont je rêvais ? J'ai mis des années à y aller.

10

Les ceintures

C'était un monde en noir et blanc. De la première ceinture, celle du débutant, blanche, à la dernière, celle de l'aboutissement, noire. Au milieu, de la couleur à foison. Avant de courir les fuseaux horaires, la première fois que j'ai entendu : « Attachez votre ceinture », c'était sur un tapis de judo. Nous en recevions l'injonction des professeurs, qui exigeaient un maintien parfait, nous la recevions aussi des arbitres qui ne se laissaient pas tromper par nos petites roublardises, lorsqu'on dessanglait discrètement notre kimono pour provoquer l'arrêt momentané du combat. Les Japonais se tiennent droit, les Européens, moins ; mais le désordre n'est pas qu'un laisser-aller, c'est une stratégie, une manière de semer la confusion dans l'affrontement. Une mystification pour obtenir du répit, aussi : remettre en place son kimono, respirer un peu, retrouver l'isolement mental pour affronter la suite. Et présenter un corps-kimono saisissable, ceinture parfaitement nouée, c'est respecter son adversaire. Le combat peut reprendre : je suis là, je suis prêt, je t'attends.

Le judo est un sport où vous portez votre grade en bandoulière – autour de la taille, donc. Diego Maradona, photographié avec ses partenaires, n'avait rien d'un athlète exceptionnel. Comment deviner que cet Argentin insoumis à toute autorité jusqu'à s'en ruiner l'existence, à la gloire déraisonnable, était le meilleur footballeur du monde ? En judo, la ceinture est votre signature, votre jouissance ou votre croix. Chacun se tient à sa place, dans l'ordre universel des grades. Un débutant voudra se débarrasser de sa première ceinture, un judoka confirmé regardera toujours vers la suivante, pour en questionner le challenge et interroger le mérite de s'en voir décerner l'honneur. Du fantasme, la nuance est fine entre la frustration et la motivation.

Il n'y a pas de Festival de Cannes sans récompenses – les artistes s'y rendent pour cela, figurer en sélection officielle, être alignés en compétition, remporter un prix. Il n'y a pas de judo sans ceintures, non contre qui que ce soit, simplement pour cette reconnaissance qui aura existé. Un judoka, paré de sa ceinture noire et d'un beau kimono tout blanc, sera prêt à affronter plus fort que lui et à accepter la dignité de ses propres insuffisances. Un passage de grade est une épreuve, une correction, un jugement ; une trace aussi, née dans la facilité ou dans la douleur par la grâce d'un enseignant dont l'exigence sera bientôt la vôtre. En naît une joie délicate, sans célébration ni liesse, ce n'est pas le genre de la discipline.

Quand il m'arrive de dire dans les milieux culturels que j'étais professeur de judo, on me transperce d'un regard mi-admiratif, mi-craintif : « Ah, mais alors vous êtes ceinture noire ? » Un peu comme si on demandait à un guitariste s'il sait jouer *Jeux interdits*. Je suis aussitôt questionné sur des bagarres de rue dont je serais sorti vainqueur et dont je vais faire illico la démonstration. Il n'en sera rien car le grade engage à la discrétion. « Celui qui gagne ne doit pas s'enorgueillir de sa victoire, écrit Jigoro Kano. Et quand il perd, il ne fléchira pas. Il ne détournera jamais son attention dans la facilité, il fera fi de la peur. » Un vrai judoka cherche un adversaire imaginaire capable de l'empêcher de se regarder avantageusement dans le miroir et il en trouvera toujours un. Dans la vie, sa retenue est la preuve de sa confiance car il sait que seuls ceux qui se savent dépourvus de force éprouvent le besoin de montrer la leur. Alors qu'un judoka n'en a nul besoin : il est parfaitement conscient de la sienne.

Les spécialistes ne savent pas avec certitude comment Jigoro Kano créa la ceinture noire. Et même pas les grades en général, qui n'existaient pas dans les arts martiaux traditionnels. On date de 1886 l'apparition de la « noire », lorsque le dojo du Kodokan était domicilié à Fujimi-cho, quatre ans après la création du judo – comme la Palme d'or n'apparaît qu'en 1955, près d'une décennie après le premier Festival. Certains affirment qu'à l'époque où la concurrence faisait rage dans les cercles de Tokyo, Kano dessine cette singularité propre au Kodokan pour que ses élèves se distinguent de ceux des écoles rivales alors qu'il bataillait pour imposer la sienne. Génial coup de marketing au temps des rivalités, des challenges et des *battles*.

Le jeune chef comprend l'importance d'un lien personnel entre le maître et ses disciples mais il sait aussi qu'un savant mélange de signes symboliques et de moments rituels créera une distance salutaire. D'où les examens : le Japon n'a jamais pris les questions d'ordre protocolaire à la légère. Tant que vous n'atteignez pas le grade ultime, vous êtes un *gaijin*, un étranger, quelqu'un « du dehors ». Une fois paré de ce signe distinctif absolu, vous êtes enfin judoka, vous en avez le *shin* (l'esprit), le *gi* (la technique) et le *taï* (la combativité). Et s'il vous prend le désir d'en inculquer les principes à autrui, vous pourrez devenir, après des années de labeur et d'un apprentissage parfaitement codifié, un sensei : celui qui était là en premier, qui sait, qui guide et qui instruit. On appelait Akira Kurosawa comme ça, aussi.

« Kurosawa sensei ». Ça ne devait pas beaucoup plaisanter sur le plateau de *Kagemusha*.

Kano conçut donc la gradation, mesure de l'excellence et traduction de son autorité sur ses jeunes élèves. Au Kodokan, aucun ordre intermédiaire n'existe avant la conclusion finale : on va de la ceinture blanche à la ceinture marron puis à la ceinture noire. C'est tout, c'est peu, c'est long. On trouve là un principe intangible de la pédagogie nippone : la patience est non seulement une vertu, mais aussi le germe de votre ardeur future. Il arrive qu'un professeur laisse un élève attendre des mois durant un regard, un intérêt, un je-ne-sais-quoi qui le stimulerait. Le maître sait ce qu'il fait : si, après cette épreuve inavouée, l'élève n'a pas renoncé, c'est qu'il saura endurer souffrances plus fortes.

En Europe, en raison de la rivalité des sports de combat populaires comme la boxe anglaise, la boxe française et la lutte, c'était le contraire : il fallait séduire de nouveaux élèves. En 1927, on introduisit, en Angleterre, des ceintures de *couleur*, intercalées entre la blanche et la marron : jaune, orange, verte, bleue, et même violette pour les pousses précoces. Le principe fut importé en France en 1935 par Mikinosuke Kawaishi, qui fut la première grande figure japonaise du judo français, le père technique et spirituel des premiers bâtisseurs.

Ce Kawaishi mériterait que les judokas se souviennent de son nom et sachent ce qu'ils lui doivent – les travaux de Michel Brousse, un ancien champion, le rappellent. Naissance à Himeji, préfecture de Hyogo, en 1899 ; mort à Paris, France, en 1969 : une traversée du siècle. Elle commence par le jujutsu qu'il pratique avec une passion telle qu'il concevra (lui aussi) sa propre méthode – il l'explicitera dans des ouvrages devenus des classiques. En 1925, alors que l'entreprise familiale de saké l'attend, il embarque sur un paquebot marchand qui le mène en Californie. Il étudie à l'université de San Diego et enseigne le jujutsu, le judo et le kendo – à cette époque, les maîtres d'arts martiaux étaient multicartes.

Voyageur-né, il enjambe le continent nord-américain et va créer le New York Judo Club. Pour gagner trois sous, il fraye avec le monde du spectacle, alterne combats de catch et démonstrations de jujutsu, participe même à une soirée de gala au New York Athletic Club en montant sur le ring avec Jack Dempsey, roi des poids lourds et idole du pays. Il devient professionnel et se fait appeler Matsuda. En 1928, il aborde les quais de Liverpool où il enseigne deux ans, en s'attachant la fidélité de quelques pratiquants et une réputation de grand pédagogue.

Puis il file à Londres et ouvre d'autres clubs, dont l'un sera abrité par l'université d'Oxford. C'est dans ces années-là que Jigoro Kano, soucieux de ramener vers le judo ceux qui entretiennent toujours la permanence du jujutsu, lui décerne le 4e dan. En 1935, Kawaishi quitte l'Angleterre pour des raisons restées obscures et s'installe à Paris où, avec quelques hommes dont le scientifique Moshe Feldenkrais, un juif russe ayant grandi en Palestine, il fonde le judo français. Kawaishi attire au Club franco-japonais une petite élite parisienne mais prône les vertus d'une éducation populaire. Son credo est simple : « Adapter, occidentaliser, franciser. » Car : « Implanter le judo en Europe, écrira-t-il, le faire croître et prospérer en suivant pas à pas les principes d'enseignement japonais sans les transposer ni les adapter à la mentalité occidentale, c'est s'exposer à des mécomptes graves. »

Il évangélise à tout-va. Les Américains lui ont appris à veiller à ses propres intérêts, mais il apprécie l'attachement des Européens aux questions éducatives. Début 1938, Jigoro Kano lui attribue le 5e dan et, l'année suivante, un événement de taille survient : Kawaishi lui-même décerne la première ceinture noire du pays à Maurice Cottreau.

La Seconde Guerre mondiale surgit alors qu'il prépare un recueil de photos avec Moshe Feldenkrais. Exfiltré à Berlin par son ambassade, il se retrouve en Russie puis dans un camp en Mandchourie – on n'en a jamais su plus. Le conflit mondial terminé, il revient à Paris et fonde le

Collège des ceintures noires. Il est susceptible, peu partageur en affaires et parfois en désaccord avec le Kodokan. Il forme des professeurs, ouvre une section féminine et lance quelques athlètes qui inaugureront la forte présence du judo français dans les compétitions internationales. Ses livres – *Ma méthode de judo*, *Ma méthode de jujutsu* – connaissent le succès ; les éditions originales s'arrachent désormais à prix d'or chez les bouquinistes. Après avoir porté la première ceinture rouge et blanche de l'histoire de son pays d'adoption, il disparaît le 30 janvier 1969 et est enterré au cimetière du Plessis-Robinson.

Mort dans une certaine solitude, Kawaishi était un judoka brillant et un homme difficile, un taiseux à qui une moustache carrée et des yeux bridés cachés derrière des lunettes rondes à fine monture dessinaient un visage de méchant pittoresque qu'Hergé aurait pu glisser dans une aventure de *Tintin au pays du Soleil-Levant*. Mais il comprit que les Occidentaux, et parmi eux les Français qui en exacerbent les défauts puisqu'il leur arrive d'en avoir les qualités, n'ont guère de patience : ils aiment être félicités pour leurs actions et ne sont en rien hostiles à la démonstration d'un peu d'affection effectuée à intervalles réguliers. Cela méritait un traitement spécial. Parmi les querelles primitives, celle-là n'aura pas été anodine : devait-on imposer une discipline orientale à qui n'en avait pas le désir ou s'en éloignerait à la première étrangeté ? Kawaishi tranche : faisons plaisir aux petits Français. Il décide d'importer les ceintures de couleur dont le principe s'inspirerait du… snooker, ce billard anglais dont les boules multicolores portent chacune une valeur différente. Il multiplie ainsi les grades par des éléments prégnants, histoire que de nombreuses médailles ponctuent l'apprentissage, et que les étapes menant jusqu'à la ceinture marron, antichambre de la ceinture noire, semblent moins longues aux esprits impatients. On ne lit pas Proust à l'âge de douze ans, on n'envoie pas Dreyer sur l'écran des collégiens, on n'impose pas des idées à qui n'est pas encore capable d'en saisir les nuances. Le judoka sait qu'il n'est pas le même en ceinture jaune qu'en ceinture noire.

Né au cœur de la défense de l'âme japonaise, le judo apprend vite à composer, se laissant gagner par quelques séductions occidentales, lorsqu'il s'agira d'accepter des kimonos bleus face aux kimonos blancs pour une meilleure visibilité télévisuelle ou des règles d'arbitrage qui privilégient la puissance au détriment du style, histoire que le tableau de marque tremble plus souvent. Un peu comme si on agrandissait la cage des gardiens de football pour que les buts soient plus nombreux, au milieu des écrans publicitaires.

Être ceinture noire, c'est se voir automatiquement décerner le 1er dan, désigné par le terme japonais *shodan*. Le dan, c'est le grade dans le grade, celui qui – 1er, 2e, 3e, etc. – vous mène jusqu'au 10e dan, comme dix millimètres font un centimètre. À part l'expérience, les katas et quelques cicatrices, il n'y a guère de différence entre le 1er et le 5e dan. Puis la réflexion, le temps et le talent permettent d'atteindre les 6e, 7e et 8e dans : de noire la ceinture devient rouge et blanche ; et, pour les 9e et 10e dans, elle devient intégralement rouge. Ceint de cette dernière, le cheveu blanchi et le corps épaissi, vous serez considéré comme un « trésor vivant », ce qui n'est pas rien, au pays de Tadao Ando et de Takeshi Kitano. Il y a ensuite le 11e dan, que personne n'a jamais atteint, puis le 12e dan dont on dit que seul Jigoro Kano l'a obtenu, à titre posthume, ce qui est faux : il était à côté, hors des grades. On dit aussi que le 12e dan reviendrait à porter une ceinture… blanche, comme s'il fallait toujours recommencer à apprendre. Ça, en revanche, c'est vrai.

11

Le judo est un voyage

S'il n'y a qu'un bateau à évoquer, ce sera celui-là : le *Calédonien*. Inauguré aux chantiers navals de La Ciotat en 1882, l'année de la création du Kodokan, c'était un navire marchand de cent trente mètres de long et de douze mètres de large, armé par les Messageries maritimes pour assurer la liaison du courrier international et transporter des passagers dont les plus fortunés étaient répartis en trois catégories (90 en première classe, 44 en seconde, 75 en troisième), les autres disposant d'un entrepont qui pouvait les accueillir par centaines. Propulsé par une machine de trois cylindres alimentée par huit chaudières à charbon, il dépassait les seize nœuds en vitesse de croisière et naviguait entre l'Europe et l'Asie. Ses trois mâts, sa double cheminée centrale et sa belle coque blanche fuselée dominaient les ports reculés où il s'ancrait.

La jeune Suédoise qui, dans les années vingt du XXIe siècle, préconise de préférer l'air marin au kérosène des aéroplanes ne dit pas ce que, de surcroît, ces longs déplacements avaient de plaisant. De la fin du XIXe siècle qui vit un Allemand imaginer la première croisière d'agrément jusqu'aux années cinquante où l'avion s'impose définitivement, naviguer sur les mers restera la meilleure façon de se déplacer, de sentir le vent et le monde. Les récits qui en disent la beauté sont innombrables, des souvenirs de Charlie Chaplin, accueilli en 1932 au sommet de sa popularité dans le port de Kobé par des milliers de personnes, aux lettres, trente ans plus tôt, de Gabriel Veyre, un opérateur Lumière. À l'automne 1898, après avoir accosté l'île à bord de l'*Empress of India*, il décrit le Japon à sa mère : « Les mœurs nouvelles, les costumes bariolés et bizarres, tout vous enchante dans ce pays dont les habitants affables et polis vous accueillent avec des salutations si profondes qu'ils semblent se prosterner devant vous. »

En 1889, Jigoro Kano prend la mer en sens inverse. En regardant le port de Yokohama s'éloigner, il songe à l'effervescence des mois passés. En 1886, dix-neuvième année de l'ère Meiji, quatre ans après l'ouverture du Kodokan et un déménagement pour une salle plus grande, la maigre cohorte d'élèves s'est renforcée de quatre-vingt-dix-neuf débutants. En 1889, près de quatre cents nouveaux inscrits se rassemblent dans un bâtiment prêté par l'armée. Là, sur soixante-dix tatamis,

Kano peut accueillir tout le monde, sans nostalgie pour le premier temple d'Eishoji.

Imprégné du partage confucéen, plein du souvenir des maîtres de son enfance qui exigeaient de lui qu'il s'émancipe de sa condition en *apprenant*, il multiplie les postes d'enseignant et veille sur le Kobunkan, sa propre école. Il est aussi directeur d'un lycée de Tokyo et a fondé un établissement d'enseignement privé, le cours Kano, sur le modèle des *jukus*, ces établissements à un seul professeur destinés à un public restreint, famille, noblesse, élèves choisis. Là, et pour tout le monde, il prodigue un système pédagogique complet où figurent quelques heures hebdomadaires de judo. Il réfléchit à la formation des instituteurs du primaire, que l'empereur encourage. Sur le tapis, il se souvient d'avoir calmé un élève irascible et alcoolique à coups de projections. Pour le jeune maître, l'éducation doit d'abord cultiver la confiance en soi. Ça reste vrai.

Kano enseigne. Kano écrit. Kano parle. Au Kodokan, il réunit ses élèves pour une discussion qui se transforme en cours magistral. Le judo est une vision du monde mais il est aussi art de combattre, un moyen pour les petits de se défendre contre les grands. Les armes de l'esprit sont fondamentales, celles du corps le sont aussi et un peu de force ne fait pas de mal. Comme Woody Allen qui, dans *Manhattan*, rétorquait à qui lui recommandait de combattre les fascistes essentiellement avec des idées : « Oui, mais, parfois, une batte de base-ball, ça aide. » Le judo, parfois, ça aide aussi. Jamais Kano n'omet d'en démontrer l'efficacité. Il le prouvera sur le bateau du retour.

Juste avant de quitter le Japon, il prononce en mai 1889, à Tokyo, une conférence qui accroît sa notoriété auprès des milieux universitaires – Yves Cadot, à qui nous en devons la découverte en français, en a livré une magistrale édition commentée. Posant les principes fondamentaux de son enseignement, Kano dit : « S'adonner à ce que j'appelle le judo crée les conditions d'une éducation physique, d'un exercice à une méthode de combat et d'une forme d'éducation intellectuelle comme morale. » Il assume le paradoxe apparent que la protection du savoir ne peut passer que par l'ouverture au monde. Le voyage qu'il s'apprête à faire en Europe sera de ceux qui comptent.

En septembre 1889, à vingt-neuf ans, Kano monte à bord du *Calédonien*, direction l'Asie du Sud-Est, l'océan Indien et la Méditerranée. Il débarque à Marseille : un judoka touche le sol français pour la première fois. Il remonte la vallée du Rhône et s'arrête à Lyon pour rencontrer le fils d'un ami. Il visite Notre-Dame-de-Fourvière, la basilique récemment bâtie sur la colline « qui prie », à laquelle les ouvriers lyonnais opposent celle de la Croix-Rousse, « qui travaille ». La religion et toute force spirituelle qui transcende impressionnent Kano. Il remonte la France vers le

Nord, dort à l'hôtel, dans des gîtes et chez l'habitant – même, dit la légende, dans un foyer de jeunes filles. À Paris, il loge au Quartier latin et apprend le français : n'est-ce pas le meilleur hommage à un pays que l'on visite ? Et la meilleure façon de faire des rencontres ? Celle qu'il fera avec Ferdinand Buisson (1841-1932) sera déterminante, autant qu'une belle surprise biographique.

Pour se souvenir de ce qu'est un engagement républicain, voici celui de ce philosophe, professeur, écrivain, rénovateur avec Jules Ferry du système éducatif français, directeur d'orphelinat, président de la Ligue de l'enseignement, cofondateur de celle des droits de l'homme, militant du vote des femmes, maître d'œuvre du *Dictionnaire de pédagogie et d'instruction primaire*, et directeur de l'enseignement primaire depuis 1879 ! De Buisson, Vincent Peillon a écrit qu'il s'inscrit dans « une tradition de sainteté évangélique où les œuvres comptent plus que celles et ceux qui les accomplissent ». « Il réconcilie un héritage, poursuit Peillon, il incarne des valeurs, il défend des principes. C'est sa façon à lui de vivre sa vie d'homme. Sa singularité est précisément d'être l'homme de tous ces engagements et de tous ces dépassements. » Jigoro Kano ne pourrait être décrit autrement. Les deux hommes s'apprécient, ils se reverront plus tard à Paris alors que Buisson sera auréolé du prix Nobel de la Paix 1927, conjointement avec l'Allemand Ludwig Quidde, pour leurs réflexions sur le rapprochement des peuples. « C'était un homme d'action et un interlocuteur de grande valeur, écrira Kano. Il était le personnage qui avait permis à la France de délaisser la religion pour la morale. »

Puis c'est la Belgique, l'Allemagne où il arrive à la fin de l'année 1889, la Suisse, l'Autriche, la Russie, la Suède, le Danemark, les Pays-Bas et la Grande-Bretagne, rien de moins. À Berlin, Kano s'inscrit à l'université, visite des lycées, des bibliothèques, des musées. C'est un vent formateur dont il fait grand profit. Après être repassé par Paris, il retourne à Marseille. Nous sommes en décembre 1890. Il est temps de rentrer. Il passera le nouvel an en mer.

12

Tentative de description

Dans *Le Violent*, un film de Nicholas Ray de 1950 dont le titre français n'a comme souvent rien à voir avec l'original (*In a Lonely Place* : « Dans un endroit solitaire »), Humphrey Bogart, mimant une scène de crime, dit à Jeff Donnell : « Tu connais le judo. Tu sais tuer sans te servir de tes mains. » Cessons les caricatures, le temps d'une description simple livrant les subtilités de la discipline est venu. Ça ne sera pas facile car le judo n'est pas le sport le plus aisé à expliquer – mais en existe-t-il un ? Même le golf ne l'est pas. « Le golf, ça n'est pas du sport ! » répondrait Bernard Hinault, comme il l'avait hâtivement déclaré alors qu'on l'honorait en compagnie du champion espagnol Severiano Ballesteros, dans une de ces saillies dont il avait le secret et qui souleva une indignation amusée, ce dont le coureur breton se fichait. En même temps, aucun golfeur ne s'est jamais échappé pendant quatre-vingts kilomètres dans la neige des Ardennes entre Bastogne et

Liège pour triompher dans le froid en perdant la sensibilité de deux doigts. Quoique, avec un mouvement de swing qui, paraît-il, sollicite trente-six muscles à la fois, le golf a des finesses qui se respectent.

Je vais essayer de réfléchir au judo comme si j'ignorais tout, disons, du curling, et qu'on tentait de me l'expliquer – je dis ça parce que je ne comprends rien au curling et qu'on ne me l'a jamais expliqué.

Le judo est une lutte consistant à ce qu'un combattant, lorsqu'il est attaqué, triomphe de son vis-à-vis au moyen d'une projection, d'une immobilisation, d'un étranglement ou d'une clé de bras. Quand la projection est réussie, elle vaut *ippon* (un point), équivalent du K-O de la boxe car, comme sur le ring, le combat s'arrête. Si la projection n'est pas parfaite, elle comptera comme un simple avantage qui n'empêche pas le combat de se poursuivre et, pour celui qui est en mauvaise posture, de rattraper son retard.

Vous vous dites : si l'on parle de projection ou d'immobilisation, où se trouve la *souplesse*, le *ju* de judo ? Bien ! Disons qu'elle se niche comme un principe fondamental dans chacun des gestes effectués par le judoka et repose sur une conviction simple : il est vain d'opposer la force à la force puisque le plus puissant l'emportera. La souplesse est préférable, qui n'exige pas de moyens physiques exceptionnels.

Deux exemples. Le premier est légendaire, et dendrologique : au VIIIe siècle, un médecin de Nagasaki se promène alors que la neige tombe abondamment. Peu à peu, le poids des flocons accumulés casse les hautes branches des cerisiers. Au fur et à mesure que la bourrasque avance, des arbres majestueux s'écroulent. Pas tous, seulement les durs, les raides, incapables de supporter une charge plus lourde que la leur. D'autres résistent : les saules, les roseaux. Ils se courbent, s'inclinent mais ne rompent pas. Quand cesse la tempête, ils se redressent. Première leçon : le raide casse, le souple s'adapte – c'est valable dans la vie aussi.

Le deuxième exemple est arithmétique : soit un combattant de 70 kilos face à un autre de 90 kilos. Le résultat est connu d'avance : le plus lourd gagne de 20 kilos. Mais si le plus léger, au lieu d'opposer sa force, décide d'utiliser celle de son adversaire, ça change tout : face au « 90 kilos » qui pousse, le « 70 kilos », en tirant dans le sens du mouvement, disposera de sa force additionnée de celle de son adversaire, soit 70 + 90 kilos. Et l'effet de surprise, essentiel, provoquera vitesse et déséquilibre. Un déséquilibre de 160 kilos.

C'est l'autre image appliquée au judo : « Utiliser la force de l'adversaire. » On en manie la métaphore dans de nombreux domaines comme la politique, les négociations syndicales ou les rapports amoureux. Si l'on ne peut réduire le judo à cela, son originalité repose sur ce principe fondamental. Pour les négociations syndicales ou les rapports amoureux, ça dépend.

Le judo se pratique sur un tapis. C'est un territoire sacré, une plateforme composée de tatamis assemblés sur un édifice fait de planches de bois reposant elles-mêmes sur une micro-charpente. Laquelle, outre de surélever la surface d'étude en lui conférant la solennité requise, d'où l'expression « monter sur le tapis », permet une certaine élasticité qui tempère la violence des chutes et amortit l'atterrissage des corps. Hélas, comme partout, l'orfèvrerie des métiers a laissé place au va-vite industriel et on s'est peu à peu contenté de poser des tatamis en mousse expansée sur un parquet classique, moins confortable pour le dos et les articulations.

Au judo, on attaque ou on défend : celui qui prend l'initiative est tori, celui qui subit est uke. Tous deux sont en kimono. Pas de kimono, pas de judo. La tenue demeure fermée, on le sait maintenant, grâce à une ceinture dont la couleur désigne le grade de celui qui la porte. Pour agripper son adversaire, il faut prendre la garde, qui consiste pour le tori à saisir de la main gauche la manche droite de l'uke et à apposer sa main droite sur son revers gauche. Dans le cas d'une garde à gauche, c'est l'inverse. Vous suivez ?

Un cours de judo dure deux heures, débute par un échauffement, se poursuit par un enseignement technique et s'achève par des combats. Il rassemble entre dix et cinquante élèves, et est dirigé par un professeur qui les réunit au début et à la fin de chaque séance, les fait mettre à genoux face à lui et, à son signal, le mot japonais *rei*, leur ordonne de saluer – ou demande au plus émérite des élèves de le faire. C'est le *zarei*, la cérémonie du salut.

Dans le langage populaire, on désigne une projection comme une prise. La *prise de judo*. Les judokas l'appellent *mouvement* et dans certains cas ce mouvement est un *spécial*, car chaque combattant s'efforce d'avoir un truc à lui, qui sera la botte personnelle qui lui permettra de surprendre ses adversaires. Moi, mon spécial, c'était *uchi-mata* à gauche.

Les prises, mouvements ou projections – soit le *nage-waza*, prononcer « nagué » – ont été listés par Jigoro Kano. Établi en 1895 et modernisé en 1920, ce classement, impressionnant de précision, de logique et d'intelligence, s'appelle le *gokyo*, littéralement : les cinq enseignements. Ce sont en tout quarante techniques de projections, recélant tout un stock de fauchages de jambes, de basculement de hanche, de mouvements d'épaule, de crochetages, de contres, de balayages et de renversements. Les techniques portent des noms japonais dont le sens est explicite : *ô-uchi-gari*, « grand fauchage intérieur » ; *sasae-tsurikomi-ashi*, « blocage du pied en pêchant »... ou, si l'on veut plus lyrique : *tani-otoshi*, « chute dans la vallée » ; *sukui-nage*, « projection en cuillère » ; ou *tsubame-gaeshi*, « contre-attaque de l'hirondelle ».

Le gokyo réclame un exercice cérébral éprouvant pour les débutants mais permet aux plus âgés qui se le récitent régulièrement de faire reculer l'apparition des tourments de la mémoire. Aujourd'hui encore, sa composition défilera instantanément dans ma tête avec une inquiétante précision, alors que quelques minutes me seront nécessaires pour établir avec certitude celle du jury cannois de l'an dernier.

Je viens de parler du *tachi-waza* : le travail debout. *Waza* désigne la maîtrise, la technique, le savoir-faire. Vous suivez toujours ? Alors, voici la suite : après le tachi-waza vient le ne-waza, le domaine du sol, qui suit une projection non décisive et entraîne les deux combattants par terre. Son but ? Vaincre par une immobilisation (*osaekomi-waza*), un étranglement (*shime-waza*) ou une clé de bras (*kansetsu-waza*). L'immobilisation consiste à plaquer l'adversaire sur le dos au moins vingt secondes, en ayant réduit ses jambes à une totale inefficacité. On peut se servir des bras, des épaules, de la poitrine, du ventre, du dos même – en tout, près d'une vingtaine de positions, plus les variantes. L'arbitre annonce : « *Osaekomi !* » (« Immobilisation ! »). Si l'adversaire parvient à écarter la menace, l'arbitre dit : « *Toketa* » en balayant l'air de ses bras. Le combat peut continuer au sol mais, s'il s'enlise, l'arbitre l'arrête par : « *Matté.* » Le combat reprend debout.

Certains, plus expéditifs, préféreront étrangler en agissant sur la respiration, donc sur l'étouffement, ou bien en appuyant sur les carotides, acte d'amour plus radical. Quoi qu'il en soit, on serre le cou de l'uke qui abandonnera pour ne pas s'évanouir, voire ne pas mourir – cela n'arrive jamais. Pour un étranglement, sanguin ou respiratoire, on se sert de ses mains, de ses avant-bras, voire de ses jambes. Et on étrangle par le revers, par le côté, en triangle (l'irrésistible *sankaku-jime*), par une main ou par deux. On peut même étrangler « en croix » ou, la nuance est de taille, « en croix les mains inversées » (*kata-juji-jime*). Quand, sur les images télévisées, vous voyez un combattant plonger mystérieusement ses bras à l'intérieur du corps de son adversaire, ça n'est pas pour le chatouiller, c'est pour l'étrangler. Le stranguler pour de bon. Pour un ippon.

Enfin, la clé de bras est une façon de mettre l'articulation du coude en surtension et de menacer de la luxer si l'adversaire ne reconnaît pas sa défaite. Sinon, on lui casse le bras. Mais le judoka accorde la possibilité d'abandonner. Il contrôle. D'ailleurs, les appellations de toutes les clés se terminent par le mot *gatame* : contrôle. Et la sonorité japonaise enchante : *ude-hishigi-hara-gatame* (avec le ventre) ou *ude-hishigi-sankaku-gatame* (en triangle par l'arrière). *Hishigi* signifie : fracture et entorse. Ça ne rigole pas. Il y a aussi la famille des *garamis* : là, le contrôle se fait dans la douleur (de l'autre). Le terme longtemps appliqué pour une clé fut l'anglais « arm-lock ». Pour rassurer les parents : on n'apprend pas ça aux enfants.

Immobilisations, étranglements, clés de bras, aucune chance d'échapper aux experts : certains, faibles debout, n'auront de cesse d'entraîner leur adversaire au sol. Et ce dernier, s'il se sort d'une tentative de strangulation, se relève avec du rouge au cou, les oreilles chiffonnées et la mâchoire endolorie.

On dit du rugby que c'est un sport de brutes pratiqué par des gentlemen. Le judo, c'est cela et c'est le contraire. Jigoro Kano le conçoit autant comme art du combat que comme éducation. Avant la philosophie, il y a la technique. Mais la technique est philosophique. La forme fait le fond. C'est ça le judo. Un sport de pensée complexe.

Je résume : nous avons un kimono et un tapis, nous connaissons les chutes et les différentes techniques, nous voilà donc parés. Il reste la pratique.

Pour s'échauffer, une série d'uchi-komis (*uchi* : percuter ; *komi* : engouffrer) reproduit la « prise », avec garde affirmée et contact des corps mais sans projection. Quelque chose de très élégant enrobe l'exercice qui, multiplié à l'infini, exige style et conviction, recherche des bonnes positions et des automatismes. Ce couple enchaînement/simulation mécanise le mouvement et en affine l'exécution. Il huile les articulations, élève la température des muscles et hausse le rythme cardiovasculaire à une intensité proche de celle du combat.

Il n'y a pas de judo sans amour du geste, comme celui de l'ouvrier tourneur qui usine ses prototypes avant de parvenir à la perfection de la pièce. L'uchi-komi, ce sont les coups francs directs que Juninho empilait face à une forêt de mannequins statiques, c'est Joe Frazier au « speed bag », Steffi Graf renvoyant des milliers de balles à l'entraînement. Un pianiste fait ses gammes, un chanteur d'opéra ses vocalises, un judoka ses uchi-komis.

Ensuite. Pour projeter son vis-à-vis, il faut le déplacer, le fixer, le déséquilibrer. Et d'abord s'en emparer. La façon de saisir le kimono de l'adversaire s'appelle le kumi-kata (*kumi* : construire ; avec *kata* : méthode). Simple et partagée en étude, complexe et guerrière en combat, l'approche est essentielle. En gros : flairer, toucher, attraper. En venir aux mains.

Premier problème : il y a d'innombrables kumi-katas, à droite ou à gauche, par le revers, par le col. Il y a même des techniques dotées d'un kumi-kata spécial, momentané, éphémère. Comme passer dans le même élan de *morote-seoi-nage* à *eri-seoi-nage*, par un subtil glissement du geste. Deuxième problème : personne ne se laisse faire.

Plus la garde est dominante, plus l'offensive sera facile, d'où son importance. Mais comme empoigner l'adversaire de telle ou telle manière révèle l'amorce de telle ou telle technique, ce dernier y remédiera *presto*. De fait, si on a affaire à quelqu'un de roué, simplement toucher son kimono relèvera de l'exploit. Un bon judoka fait de la préparation de son kumi-kata une posture visible et une arme secrète. Ce n'est pas contradictoire.

La séquence est parfois interminable : « Que font-ils ? Pourquoi n'attaquent-ils pas ? » Ils n'attaquent pas… car ils ne peuvent pas. Une garde bloquée est une sorte de *catenaccio*, cette stratégie footballistique propre aux Milanais des années soixante, dans l'alternance calculée entre verrou défensif et jeu de contre. En judo, l'équivalent du catenaccio, ce furent les Soviétiques des années soixante-dix, bras musculeux, poitrails imprenables et technique sommaire. Sans style, toujours prêts à entraver, une prise de risque proche du rien mais une rentabilité optimale, yeux rivés sur le tableau d'affichage. Des gagne-petit sournois mais efficaces, à la Joseph Staline.

À l'origine, le kumi-kata n'était qu'une phase d'observation, les deux adversaires s'offrant généreusement l'un à l'autre comme deux danseurs de slow. Dans le judo contemporain, c'est devenu une opération en soi, une farouche bataille qui commence au salut. Yeux dans les yeux, on s'éprouve, on s'impressionne. On s'accroche gentiment les mains, on se tord plus violemment les poignets – celui qui est blessé à un doigt mettra un pansement sur celui d'à côté, valide, pour berner l'adversaire qui vise systématiquement le point faible. Loin du raffinement prêté au peuple nippon, le judo est *aussi* un sport sauvage.

Avant le combat, voyons l'attitude, qu'on appelle *shizentaï* (*shisei* : posture ; *taï* : corps) : se tenir en bipède normal, debout, « poids du corps réparti sur les deux pieds, tête droite mais sans raideur », comme l'écrit le sage Ichiro Abe. Pied droit ou pied gauche avancé, c'est le *migi-shizentaï* ou le *hidari-shizentaï*. À shizentaï s'oppose *jigotaï*, consistant à se mettre en position défensive, réflexe, crispée, dure, jambes solidement arrimées au sol, garde fermée. D'accord, on est dans le détail.

En combat, on adopte une stratégie qu'on appelle le *tsukuri-kuzuchi-kake*, soit l'observation, le déséquilibre et l'exécution. Un triptyque essentiel qui vulnérabilise l'adversaire et fait de sa projection une formalité. Le judo repose fondamentalement sur le déséquilibre et sur le principe d'« action-réaction » : j'agis, il réagit ; je tire, il retient ; donc je pousse et il tombe. Ou l'inverse :

je pousse, il repousse ; de fait, je le tire, je le projette. Élémentaire. Un bon judoka prend toujours l'initiative de l'attaque. Il privilégie le *sen*, le caractère, le courage. Donc une stratégie offensive. Et le sen a pour conséquence le *sen-no-sen* (ma décision suivie de mon attaque) et le *go-no-sen* (sa décision suivie de ma contre-attaque), il provoque la réaction d'autrui. Anticiper pour appréhender la situation difficile qui arrive : le judoka sait subir d'abord pour dompter plus tard. Comme Edmond Dantes s'évadant du château d'If.

Si vous n'êtes pas épuisés, on termine par l'exercice roi. Jigoro Kano savait que le jujutsu péchait par manque de réalisme. Que l'étude, si aboutie soit-elle, ne suffit pas à former des lutteurs aguerris et astucieux. Il a alors inventé le *randori*. Pour que les masques tombent et que vienne le temps du combat.

Le randori dure environ cinq à sept minutes et voit deux judokas expérimenter l'un sur l'autre leurs techniques en situation réelle. Ils peuvent ainsi tenter, risquer, se tromper, recommencer, attaquer, gagner, perdre. Projeter, bien sûr, viser l'ippon. Sans danger, sans brutalité, dans une intensité qui n'est encore pas celle de la compétition. « Faire randori », c'est jouer un match amical ou, en boxe, aligner des rounds avec le casque et les gros gants. Le randori est l'exercice noble, le moment où l'on sait qui on est, où on vérifie la nature de son propre engagement. Mais si on se lâche, ça n'est pas un duel de mâles dominants : tori et uke sont les deux faces d'un même ensemble. Personne ne compte les points et chacun met l'autre en situation avantageuse. Il arrive que ça se tende, un geste qui déplaît, un coup involontaire qui agace. Votre adversaire a un même projet : deviner vos intentions et saisir chaque opportunité pour vous surprendre. On alterne donc les vitesses, les déplacements, les blocages. On se laisse projeter si l'action est belle et l'autre vous rendra la politesse. Parfois, la chute est plus réussie que la projection. Devenir un bon uke n'est pas tâche facile – il faut en assumer l'humble rôle, le silence et la modestie. C'est un sacerdoce, de mettre les autres en valeur, surtout si l'on se sait pourvu d'aptitudes supérieures – dans *Le Parrain*, le sage Tom Hagen vis-à-vis du turbulent James Caan.

Si on évoquait un slow au sujet de certains kumi-katas, le randori c'est du rock'n roll. Ou du tango, né comme le judo à la fin du XIXe siècle, tant l'enchevêtrement des corps, le jeu avec les bras et les passements de jambe sont similaires. Épuisant, exigeant, exaltant, le randori permet à chacun de mesurer son niveau, de *travailler* avec des partenaires de toute sorte, de progresser en affrontant plus fort que soi. Le judo est un sport miséricordieux et convient à n'importe quel caractère ou morphologie : les petits utiliseront les mouvements d'épaule, les grands les techniques de jambe, les légers privilégieront la vitesse, les massifs fermeront les angles, comme un boxeur barricade les coins d'un ring. Les fougueux attaqueront d'emblée, les statiques feront blocage, les malins attendront le contre et ceux qui sont faibles debout entraîneront leur adversaire au sol pour le *finir*. Il y a toujours une solution.

L'autre jour, Pierrot Blanc, un 7e dan du Lyonnais, me rappelait : « Dans les compétitions, tu gagnais toujours la coupe du meilleur styliste. » Je me souviens de celle du tournoi d'Oyonnax, sous les yeux de Bernard Tchoullouyan, le champion du monde, un héros qui se posait là, en styliste. Avant le cinéma, j'ai appris par le judo à repérer qui avait la grâce et qui ne l'avait pas. Comme des plongeurs qui entrent parfaitement dans l'eau, on voit sur le tatami des projections nettes, sans éclaboussures. Le styliste vise la pureté du geste, la splendeur du naturel, le dépouillement de soi. J'étais un judoka inspiré, je travaillais aussi bien à gauche qu'à droite et je veillais à ça, à la forme. Se tenir droit, surveiller, maîtriser – c'est pareil au Festival de Cannes.

Il est donc bienvenu de mettre la manière, je veux dire qu'on peut choisir son modèle, préférer le superbe Jean-Luc Rougé à sa bête noire des années soixante-dix la bourrique est-allemande

Dietmar Lorenz ou, si l'on veut, choisir en rugby le *french flair* plutôt que le réalisme anglais, en foot le Brésil plutôt que l'Allemagne, John McEnroe plutôt qu'Ivan Lendl, Barack Obama plutôt que George W. Bush. Mais chacun fait avec ce qu'il a – même Bush, hélas. Car la nature est injuste : il y a les danseurs et les patauds, les actifs et les résignés, ceux qui ont l'élégance naturelle et ceux qui seront à jamais besogneux.

Comme en art, on connaît vite notre sort. Rien de dramatique : « La lucidité est la blessure la plus rapprochée du soleil », écrivait René Char. On se dit alors que le judo n'est pas un concours de beauté, que la pure esthétique d'un combat se joue aussi dans la splendeur venue de l'énergie, de l'envie, de la rage de vaincre. « La violence, c'est la défaite de l'intelligence », affirme Bernard Lavilliers, qui a tout dit de la boxe amateur dans *15e Round*. Lorsqu'on n'est pas sûr de soi, on donnera du geste et de la voix. Isao Okano, le poids moyen qui terrassait les poids lourds au championnat du Japon toutes catégories – le plus relevé du monde, et il reste le combattant le plus léger à l'avoir remporté – l'enseignait à ses élèves : « Si je marche dans le noir et que quelqu'un surgisse soudainement, ma première réaction sera de me *défendre* et de le faire avec brutalité. » L'agressivité naît de la peur. Le judo appartient à la famille des arts martiaux : c'est un art et il est martial. Mais on y apprend à contrôler ses pulsions.

Nous voilà au bout du randori. Le professeur frappe dans ses mains en clamant : « *Soremade* » ; ce qui signifie : « Fin du combat ». On change de partenaire, en *tirant* (combattant) qui est là devant soi, sans réfléchir. On peut préparer aussi sa séance, comme un carnet de bal. Une quinzaine de combats plus loin, il est mis fin à la séquence qui aura duré plus d'une heure. Retour au calme. Et salut général. On mettra deux jours à s'en défatiguer. Le temps que surgisse le désir de recommencer. Merci d'avoir lu jusqu'au bout.

13

Grand Prix de France

Ma jeunesse en judoka. Je reprends. Non sans quelques doutes. « Personne ne devrait écrire son autobiographie avant d'être mort », affirmait le producteur Samuel Goldwyn qui, lorsqu'il fit écrire la sienne par un *ghostwriter* alors que ce Russe d'origine parlait un anglais approximatif, suscita un certain étonnement : « Mais qui va la lui traduire ? » s'étonnait-on sur Sunset Boulevard. Goldwyn ne s'est pas contenté de parsemer la légende d'Hollywood de quelques œuvres extraordinaires : il l'a enrichie d'une verve qui touchait à une certaine immensité. Involontairement iconoclaste (« Quiconque se rend chez le psychiatre devrait d'abord consulter », affirmait-il), grand créateur de lapsus et très obsédé par le temps qui passe – ça lui a réussi, il est mort à quatre-vingt-quatorze ans –, il déclara au sujet de son rival Louis B. Mayer dont la foule nombreuse rassemblée à ses funérailles le rendit jaloux : « La raison pour laquelle tout le monde est venu à l'enterrement, c'était pour s'assurer qu'il était bien mort. » Infatigable et pas loin de la grandeur, il disait aussi à ses scénaristes : « Le flashback est un truc du passé. »

En 1972, l'année où le jeudi est devenu le mercredi pour les écoliers de France, ce furent mes premières compétitions. M. Verdino décida de m'octroyer une licence de la Fédération française de judo afin que je concoure dans des épreuves officielles. Il m'en parlait comme d'une étape cruciale. « Tu es benjamin, il faut y aller », m'ordonna-t-il. Je n'étais jamais sorti du club et n'avais jamais participé à des interclubs, ces challenges sans enjeu destinés à accumuler de l'expérience et se mesurer aux autres. Apprendre à gérer l'enchaînement des combats. Je ne savais pas le judoka que j'étais et il était temps de connaître mon niveau. Et puis c'était ainsi : le maître avait décidé que le moment était venu. Il ne choisit pas une compétition de seconde zone mais les championnats du Rhône, au palais des sports de Gerland, une pépite architecturale des années soixante, vaste et haut monument de huit mille fauteuils où se côtoyaient les grands matchs de basket, les concours de Miss France et les concerts de Pink Floyd – le judo, lui, n'était accueilli qu'au *petit* palais des sports, l'annexe, par quelques centaines de spectateurs, et qui allait devenir pour longtemps notre maison commune.

À nouveau, ce fut de la multitude et des cris, des petits judokas en kimono blanc, de la ceinture jaune à la ceinture bleue. Bleue ! Alors que je n'étais que verte : on me faisait affronter des cadors. Les seuls adultes présents portaient un costume d'arbitre. C'étaient des enseignants et, s'ils impressionnaient les petits êtres fébriles que nous étions, ils se montraient prévenants, resserraient une ceinture, dressaient un kimono ou consolaient ceux que le trac bouleversait. C'étaient des judokas de haut niveau et j'allais vivre longtemps avec eux.

Après l'échauffement, on nous répartit en fonction des catégories de poids. La mienne est celle des 26-30 kilos. Les judokas se souviennent toujours de leur poids. À douze ans, je pesais à peine 30 kilos. Je plane un peu, encore inapte aux subtilités techniques liées aux corps des autres quoique, à l'entraînement, j'adore même rencontrer de plus lourds que moi – et les battre. Je tirerais longtemps (pour combattre, on dit : *tirer*) chez les légers, en moins de 65 kilos. Je fais plus désormais, hélas.

Bien qu'on montre l'inverse en se défiant comme des coqs, nous sommes paralysés de timidité, pétris d'une inquiétude qui empêche de prendre la pose. On nous explique le principe du manège : éliminatoires, repêchages croisés « à la brésilienne », demi-finales et finale. À l'appel de son nom, on salue la surface de compétition, l'adversaire et… « *Hajimé !* » Premier combat, je gagne. Deuxième combat, facile aussi. Puis un troisième et un quatrième que je ramasse avec la même aisance. Et ainsi jusqu'en finale. Que je remporte. Je suis champion du Rhône. Sans vraiment comprendre ce qui m'arrive. Rien ne m'est apparu surhumain. Une défaite prématurée et c'en aurait été réglé de mes rêves. Encore que je n'en formulais aucun, contrairement à mon professeur. « J'en étais sûr ! » clama-t-il en touchant ma médaille. Cette victoire venait confirmer que j'étais peut-être doué et que le judo ne décevrait pas la ferveur que je lui vouais.

Un mois plus tard, échelon supérieur : je dispute les championnats du Lyonnais, contre les meilleurs combattants du Rhône, de l'Ain et de la Loire. Et il en vient de partout, de Bourg-en-Bresse, de Belley, de Saint-Étienne, qui s'ajoutaient à ceux de Villefranche, de Décines, de Saint-Priest et des meilleurs clubs du centre de Lyon : le Judo Club du Rhône, le Judo Club Croix-Roussien, le Judo Club Lugdunum. Tout est devenu plus sérieux, on se connaît, on se guette, on s'impressionne. Et je gagne encore. Sortant à nouveau de sa réserve, M. Verdino fait des bonds. Deux combattants par catégorie de poids sont qualifiés pour les championnats de France, ce qui nous vaut d'être cités dans les pages sport du *Progrès* – de ce jour, lire mon nom dans le journal ne m'impressionnera plus. À

Sainte-Croix, le regard des moniteurs change, l'attitude des copains aussi, mais ça laisse de marbre les profs du collège.

Troisième et dernière épreuve, le Grand Prix de France, stade Pierre-de-Coubertin à Paris. Ça n'était pas la première fois que je voyais la capitale. Nous avions habité en banlieue entre 1965 et 1969, et me revint le souvenir d'une projection du *Cameraman* de Buster Keaton avec mon père dans une salle du Quartier latin. Ce championnat de France, c'était le dimanche 30 avril 1972, après un interminable voyage en train et une nuit courte dans un petit hôtel de quartier. La délégation est conduite par Jean Guérin, le père de Jean-François, un judoka de Vénissieux, avec qui je deviens copain. Nous n'avons rien d'une équipe prête à tout casser, plutôt d'une colonie de vacances parfaitement inconsciente de la solennité de l'enjeu.

Après la pesée matinale, nous arrivons sur le tapis pour l'échauffement dirigé par Pierre Guichard, un athlète visiblement pas là pour plaisanter, ce qui n'allège pas l'atmosphère. Les petits Parisiens semblent plus nombreux, ils jouent à domicile, bien au chaud dans leur salle favorite, protégés par les encouragements de leurs familles. Premier combat, je perds, sans avantage patent, ni pour lui ni pour moi, sur décision de l'arbitre central et des juges de coin. Je n'ai rien fait de bien. Comme mon adversaire perd au tour suivant, je ne suis pas repêché. Mes camarades sont dans la même situation : aucun combattant du Lyonnais ne se distingue particulièrement. Nous rentrons à la maison. L'expérience a été de courte durée. Je m'en fiche un peu, les rigolades dans le train à compartiments suffisent à nous combler. On n'imaginait quand même pas ramener un titre.

La catégorie d'âge suivante, les minimes, me vaudra ma première déception. Je concours désormais dans la catégorie 34-38 kilos. Facile vainqueur des championnats du Rhône et des championnats du Lyonnais, je compte être à mon avantage à l'échelon national. À Coubertin, je gagne mes deux premiers combats, sentant d'emblée que le niveau est bien plus élevé qu'à Gerland et les enjeux plus sérieux que deux ans plus tôt. J'ai l'estomac noué, les muscles durs. Au tour suivant, le tirage au sort m'oppose un garçon sans bagage technique mais surexcité. Je ne parviens pas à comprendre son judo désordonné. Il attaque n'importe comment, comme pour m'empêcher de le faire. Le combat va trop vite, le chronomètre aussi. J'essaie de poser mon judo, mais je donne l'impression d'un manque de pugnacité. L'arbitre sanctionne mon insuffisance de combativité. Alors que je croyais me rapprocher des demi-finales, je perds. Je suis éliminé de la compétition. Le sol se dérobe sous moi, la déception est immense. Je m'en veux, je ne suis pas entré dans le match, gêné par le coaching et l'omniprésence de l'entraîneur de mon adversaire que j'entendais sur le bord du tapis. Au sentiment de solitude s'ajoutait un complexe d'infériorité propre aux provinciaux, dans un lieu tellement parisien. Mon adversaire a bloqué le combat, lançant des assauts farfelus qui ont berné les arbitres. On veut faire du beau judo, on se retrouve face à un truqueur. Je n'étais pas préparé à ça. D'ailleurs, je n'étais préparé à rien, je croyais que ça serait toujours facile.

Je suis puni. Je voulais une journée de combats, rester sur le tapis, monter sur le podium. Au lieu de quoi tout s'arrête. La sensation est nouvelle et me ramène aux terreurs enfantines. Alors qu'on me conduit au vestiaire, j'hésite entre la rage et les larmes. Je goûte à la défaite, je ressens le dérisoire de ma propre vanité, et un amer mélange d'offense et d'humiliation.

Le retour à Lyon est difficile, l'annonce du mauvais résultat délicate. Le petit champion a perdu. Je suis convaincu que celui qui a triomphé n'était pas le meilleur des deux. On dit tous ça, que la prochaine fois on fera mieux, que le terrain glissait, que le soleil éblouissait, que l'arbitre était un guignol, que la vie est mal faite et que, laissez-moi tranquille. Ce genre de choses.

14

Le Bourrin's Club

La tête de cheval jaune était accrochée sur le grand mur du fond qui faisait face à l'entrée des lieux. On ne pouvait pas la rater. Sculptée au milieu du cercle rouge d'un beau soleil levant, elle côtoyait, crayonnés en blanc, deux judokas pratiquant un ura-nage de toute beauté, une projection arrière qui semblait les expédier jusqu'au plafond. En haut, et en arrondi, le nom de l'endroit : Judo Club de Saint-Fons. Mon nouveau club.

À l'été 1973, nous déménageâmes à Vénissieux, au sud de Lyon, pièce maîtresse d'une banlieue rouge qui élisait depuis 1945 son maire communiste au premier tour des municipales. La normalité veut que l'ascenseur social, qui marchait alors mieux qu'au XXIe siècle, conduise les familles à déménager dans des quartiers plus riches. Nous, en passant de Caluire la cossue à Vénissieux la prolétaire, c'était le contraire. Pas par déclassement social, mais par conviction politique – et aussi parce qu'il nous fallait un appartement plus vaste et chacun sa chambre.

Vénissieux était la ville des établissements Berliet et des lotissements SNCF, le creuset d'un mélange d'ouvriers français, italiens, espagnols et portugais venus dans l'après-guerre et des nouveaux arrivants d'Afrique du Nord réclamés par le patronat dans les années soixante pour faire tourner l'industrie française, et dont Giscard d'Estaing allait accélérer le regroupement familial. Ici comme ailleurs, une ville nouvelle composée de barres d'immeubles et de tours de quinze étages avait été conçue par un premier prix de Rome et érigée sur un territoire agricole : le plateau des Minguettes. C'était une colline maraîchère qui surplombait la vallée de la chimie, les usines de Saint-Fons qui m'emploieraient bientôt l'été et la raffinerie de Feyzin encore traumatisée par le gigantesque incendie qui, en 1966, l'avait presque anéantie.

Il faisait toujours chaud au-dessus de la zone industrielle et les gens en avaient pris l'habitude : quand le ciel se couvrait de nuages, personne ne savait si ça venait d'un caprice de la météo ou des cheminées de Rhône-Poulenc. Mais, les soirs d'été, les relents de chamallow sucré qui envahissaient la ville ne laissaient pas de place au doute : ça venait bien des usines. Dans une lumière de marécage, nous passions dehors des soirées qui ne finissaient pas.

En plus de narguer Lyon et sa basilique rococo qu'on apercevait du haut des tours de l'avenue de la

Division-Leclerc, les Minguettes procuraient en se tournant vers le sud une vue imprenable sur l'autoroute A7. Parce que ça nous faisait un début de voyage, on allait à Solaize en mob ou en 125 cm^3 voir les flots de touristes qui l'empruntaient pour se rendre en Provence, dont on s'amusait à dire qu'elle commençait juste après, au péage de Vienne. Mais la France était encore, à la lisière des villes, un pays de paysans, et les Minguettes dominaient d'immenses champs de luzerne et de maïs, terres promises pour enfants en mal d'aventures, juste traversées par des pistes de terre transformées en d'acrobatiques parcours de vélo. J'appelais ce coin « Paris-Roubaix », parce que j'adorais déjà Eddy Merckx et qu'au printemps 1973 il avait gagné en guerrier solitaire sous la pluie, sur les pavés et dans la boue. C'est à Paris-Roubaix que j'effectuerais mes footings quotidiens lors des entraînements d'hiver.

1969-1973 : en quatre ans, j'étais devenu un vrai petit judoka. Je quittais le centre aéré d'EDF. Des jours de mon enfance demeurent là-bas, dans les étangs de la Dombes et les sentiers du château de Sainte-Croix, mais j'allais passer à Vénissieux et Saint-Fons les plus belles années de ma vie. Celles du judo. Comme l'écrivait Truman Capote : « Par la suite, je suis tombé amoureux de bien des villes, mais seul un orgasme d'une heure pourrait surpasser le bonheur de ma première année à New York. » Je n'avais pas l'âge de mes premiers émois, mais je ne vois pas mieux pour dire ce que fut ma découverte des Minguettes. Comme nous étions arrivés début juillet, deux mois avant la rentrée des classes, j'eus le temps d'en parcourir les quartiers, d'inaugurer la piscine et de me faire des copains.

Ces « grands ensembles » qui poussaient aux alentours des grandes villes, on appelle ça les cités. Pour nous, c'était les ZUP, la ZUP, notre ZUP : zone à urbaniser en priorité – rapidement ce furent les « zones dont l'État s'occupait en dernier ». Z comme la dernière lettre de l'alphabet social. Il y en avait dans tout le pays, qui définissaient la géographie future d'une France oubliée. Trois d'entre elles cernaient Lyon : la ZUP de Vénissieux au sud, de Rillieux au nord et de Vaulx-en-Velin à l'est. Il faut revoir *Aubervilliers*, le court-métrage qu'Eli Lotar et Jacques Prévert en 1946 consacrèrent aux banlieues d'après-guerre, pour avoir une idée du changement qu'incarnait la révolution immobilière de la fin des années soixante. Aux Minguettes et ailleurs, on y était bien, appartements spacieux, rues bordées de jardins ; dans les bâtiments, eau courante, chauffage par le sol et ascenseurs en état de marche. C'était un temps béni qui croyait au futur. Somptueuses, brûlantes et contemporaines, les ZUP étaient les beautés effrontées des Trente Glorieuses. On ignorait qu'elles en seraient bientôt le cimetière, utopies et illusions enterrées dans des cercueils en béton. Nous n'avons jamais cessé de les aimer, de les chérir, de les protéger et, avant que la colère ne s'empare d'elles dans les années quatre-vingt, les ZUP ont offert à leurs enfants un terrain de jeu à la hauteur de leurs envies, dans le rêve d'un contre-monde qu'ils pouvaient s'inventer.

Nous habitions donc aux Minguettes : 10 000 logements, 60 % d'HLM, 25 000 habitants, 40 nationalités et, rapidement, 40 % de chômage. L'appartement de la famille Frémaux était situé du côté de la « troisième tranche », encore en travaux, derrière le centre commercial Vénissy, appellation sûrement inspirée de Vélizy ou de Parly, ces temples de la société de consommation, de la séduction et de l'éphémère que Baudrillard tentera brillamment et vainement de dénoncer, avant que ça ne devienne pire et que ça ne dérange plus personne.

Partout, il y avait des chantiers, des pelleteuses, le soleil au-dessus des grues et la boue les jours de pluie. Côté béton, la municipalité ne sécurisait pas seulement l'espace (public) mais aussi l'idéologie (publique), parsemant les rues de noms propres à entretenir la mythologie du Parti : Maurice Thorez, Gaston Monmousseau, Jean Cagne, Marcel Cachin, un large boulevard Lénine (mais pas Staline le dictateur, impossible, ni Khrouchtchev le réformateur, il ne fallait pas exagérer non plus), des résistants (Jean Moulin, Georges Lyvet), des villes jumelées, allemandes de l'Est et biélorusses, cela va de soi, et quelques héros de l'espace, tous soviétiques. Nous, on préférait cette blague de Coluche, dont la célébrité explosa dans ces années-là : « Le Russe qui a eu le moins de chance, c'est Youri Gagarine : il a fait dix-sept fois le tour de la Terre et il est quand même retombé en URSS. »

Mes parents n'étaient pas communistes, d'ailleurs on habitait rue Gabriel-Fauré. Sans aller jusqu'à *s'établir* en usine, comme le feront certains de leurs compagnons d'idées et de manifs – pas compagnons d'*armes*, personne n'a pris les armes en France à cette période où les mots et les idées dominaient –, ils avaient décidé de proposer à leurs enfants une autre vision du monde. Et ils firent bien. On passa donc du nord au sud de l'agglomération, d'un haut lieu de la Résistance à un champignon urbain des années soixante-dix, d'une ville de droite à une ville de gauche. Oui, pour les moins de trente ans : on parlait comme ça à l'époque, « ville de gauche », « ville de droite », tout en commençant à comprendre que ça ne voulait rien dire.

J'allais au club à pied. La ville de Saint-Fons, qui abritait le dojo dans l'enceinte de son stade municipal, s'enracinait au pied des Minguettes et de sa cousine, la colline des Clochettes, qui possédait ses propres tours, construites de l'autre côté de la « route de Vienne », c'est ainsi qu'on appelait la nationale 7 à cet endroit-là. Mitoyenne de Vénissieux, Saint-Fons était socialiste – elle ne l'est plus. Très classe – elle l'est moins. Les années 2000, mais surtout les années 80, sont passées par là, dans l'appauvrissement généralisé et la déculturation progressive. Commerçante et joyeuse à l'époque, l'est-elle encore ? Je l'espère. Pas sûr. Tout est tellement parti en vrille. Presque rien n'a échappé à l'implantation des magasins de téléphones, des salons de coiffure, des parkings à soldeurs de voitures, de meubles et de chaussures. Je n'y passe plus que pour aller voir ma sœur qui vit toujours là-bas ou à vélo sur les routes de mon enfance dont j'ai conservé mes chronos.

Saint-Fons était une ville chaleureuse et vivante. En ces temps-là, la conception exclusivement économiste et publicitaire de la vie ne s'était pas imposée partout, jusque dans le sport, dans l'éducation, dans la culture. Or, ce sont le sport, l'éducation, la culture qui proposent autre chose. Les mots ne coûtent rien et ils sont précieux. Surtout ceux des profs, des entraîneurs et des poètes. C'est avec ça qu'on a grandi. Saint-Fons témoignait à l'époque de beaucoup de reconnaissance pour ses enfants : quand je deviendrai le champion de judo local, on m'invitera chaque année à la remise des médailles de la ville. Je me souviens des mots justes et encourageants d'un maire qui, à notre âge, avait connu l'été 1936, et nous le racontait. C'étaient une ville, une vie, un monde qui tenaient leurs promesses.

Mon nouveau centre d'entraînement était un « vrai » club, je veux dire qu'il était ouvert tous les soirs, qu'il accueillait des compétitions, que les passages de grades s'organisaient de façon très officielle et qu'on y était automatiquement licenciés à la Fédération française de judo. Il sentait la sueur et donnait envie d'être de cette fête du sport permanente. Dès mon inscription, au début de la saison 1973-1974, j'en ai aimé l'effervescence, comme le maître des lieux, Raymond Redon. La recommandation de M. Verdino avait suffi pour que son successeur me porte une attention particulière.

Maître Redon revenait d'un long séjour au Japon qu'il avait effectué avec un camarade lyonnais, Pierre Blanc. C'étaient encore des hommes jeunes, prêts à tout renverser sur leur passage. Et à embarquer le monde avec eux : j'entrais dans des années de bouillonnement et pas seulement parce que les Minguettes, cette haute cité fermée sur elle-même vers laquelle il fallait monter – et une fois là-haut on s'y sentait bien –, allait m'offrir une adolescence active et libre. 1973 fut une année magique. J'intégrais un milieu à l'agitation sociale permanente, dans une ambiance de quartier, de cafés et de familles. Je ne pouvais deviner que le sud de Lyon allait devenir le plus beau des royaumes ni rêver meilleure installation dans cette zone de l'agglomération dont on m'avait annoncé, non sans condescendance chez les bourgeois de Caluire, qu'elle était infréquentable. « La surpopulation, la délinquance, la violence, tu comprends… », m'avait-on prédit. Non, enfant, on ne comprend pas ces choses-là, et on s'en fiche. Les enfants sont capables d'être heureux partout, avant que ça leur passe, hélas.

Raymond Redon avait fondé le Judo Club de Saint-Fons quelques années plus tôt avec trois camarades : Gilbert Labrune, le président du club, venu de Saint-Gobain, qui trônait chaque jour, en kimono, derrière un large bureau en bois à l'entrée du dojo ; Émile Argoud, un cadre de Rhodiacéta avec qui le maître créera aussi le club de judo de Corbas maintenant dirigé par Alain L'Herbette et qui formera Magali Baton, future membre de l'équipe de France féminine ; et André Quilès, électricien à la mairie de Saint-Fons, qui deviendra arbitre international. Ces trois-là, qui allaient aussi devenir mes mentors, entouraient « Raymond » avec amitié, lui permettant de se dédier complètement à l'enseignement, à entraîner les meilleurs élèves et à entreprendre deux voyages au Japon. Ils avaient aussi conçu les armoiries du club avec le cheval et cet ura-nage renversant. Une facétie graphique qui avait du sens : athlétique et massif, Raymond Redon était un poids mi-lourd qui transmettait sa force à ses élèves. Ensemble, ils avaient remporté quelques victoires tonitruantes dans le Lyonnais. Résultat, une réputation de combattants durs au mal et une image qu'ils assumaient et qui était devenue le surnom du dojo : le Bourrin's Club.

15

Le lutteur russe sur le bateau

C'est une histoire légendaire à l'intérieur de l'histoire légendaire – je l'ai lue enfant et je voulais la retrouver. Celle du lutteur russe sur un bateau qui, en janvier 1891, quitte la Méditerranée pour entrer dans les eaux de la mer Rouge, direction Aden, Colombo puis Yokohama, sa destination finale. À bord, l'heure est au désœuvrement. À l'excitation des grands départs a succédé l'interminable écoulement des jours. On se lasse, on s'occupe, on regarde les nuées de vapeur s'envoler des hautes cheminées et les oiseaux plonger en piqué vers des proies invisibles. Les hommes et les femmes se promènent sur le pont, se réunissent pour fumer le cigare et boire un verre, pas loin des enfants qui s'amusent à compter les nuages et se faufilent d'un étage à l'autre en se perdant dans le dédale des couloirs. Quand on s'habille pour le dîner, alors que le coucher de soleil accable de sa beauté répétitive une équipée hors du temps, des musiciens viennent enchanter le soir. Mais les journées sont monotones. Deux semaines de mer depuis que le bateau a quitté le port de Marseille et tout le monde s'ennuie ferme.

Pas Jigoro Kano, émerveillé par son séjour européen. En observateur compulsif qui ne peut s'empêcher de noircir des pages, il écrit inlassablement. De Paris à Berlin, il a été frappé par la beauté des églises, des petits villages à celles des capitales. Mais aussi par le déclin de la chrétienté et d'une pensée religieuse loin d'être prégnante : « Le christianisme fonde sa puissance sur un passé figé », écrira-t-il. Mais il repère les formes d'une spiritualité partout différente. Par exemple, les hommes politiques, les gens du culte, les universitaires lisent énormément : il en est impressionné. Quoique ce qui est mal transmis lui semble voué à disparaître. « Ils m'étaient supérieurs dans le domaine du savoir, affirme-t-il, mais pas dans celui de la pédagogie. » Il voit l'universalité comme seule solution aux conflits de religion, de pensée, de ségrégation sociale – pas très japonais, mais l'Europe des Lumières est passée par là. Il saisit ce qui est atout, ce qui fait obstacle. Il souhaite que, dans le dialogue entre les peuples, son pays joue son rôle : « L'homme japonais, écrit-il, doit contribuer à un monde sans inimitié. » Enfin, il est convaincu que l'éducatif, l'intellectuel et le sportif vont ensemble, comme le développement moral avec l'épanouissement corporel. « Écrire des romans est un travail considérablement physique », confirmera plus tard son compatriote Haruki Murakami.

Quand il arpente le sol impeccablement lessivé du troisième pont, le plus haut, ce petit Japonais, qui se fiche de la météo et de la position du soleil, suscite par son allure la curiosité des autres passagers. Il ne s'en étonne pas, ne s'en étonnera jamais. Il se sent heureux de rentrer, après un an de voyage. Quelques jours plus tôt, il a profité d'une brève escale à Alexandrie pour se rendre au Caire, deux cent huit kilomètres avalés en trois heures par l'Express, le premier train construit en Orient – le même que prendra Alexandre Promio, l'opérateur Lumière, qui rapportera d'Égypte des vues cinématographiques définitives de la splendeur du monde. En compagnie de quelques amis étrangers rencontrés sur le bateau, Jigoro Kano remonte le Nil, observe les felouques à voile triangulaire qui encombrent le fleuve, et escalade les pyramides d'un pas rapide en semant ses poursuivants. « Grâce aux enchaînements des randoris », se souviendra-t-il. L'escapade l'a rassuré sur sa vaillance et lui a fourni l'occasion d'un effort prolongé – il n'a pas fait de judo depuis si longtemps.

Après le canal de Suez, le bateau approche d'Aden, que Kano décrira comme « sans arbres, sans eau, avec des installations de grands réservoirs ». Il ignore que dans ce port qui donne son nom au golfe ouvrant sur la mer d'Arabie demeure un marchand d'armes français venu d'Harar en Éthiopie, qui souhaite devenir un négociant honnête. Mais qu'une tenace douleur à la jambe droite fait atrocement souffrir. Cet homme encore jeune auquel il ne reste que quelques mois à vivre ne se retourne pas sur le passé. Nul ne sait qui il est et seul le présent vient hanter ses nuits. Se souvient-il seulement de ce qu'il écrivit à dix-neuf ans, lorsqu'il était enfant sauvage et poète de feu : « Les jours vont m'être légers, le repentir me sera épargné. Je n'aurai pas eu les tourments de l'âme presque morte au bien, où remonte la lumière sévère comme les cierges funéraires. Le sort du fils de famille, cercueil prématuré couvert de limpides larmes. Sans doute la débauche est bête, le vice est bête ; il faut jeter la pourriture à l'écart. Mais l'horloge ne sera pas arrivée à ne plus sonner – que l'heure de la pure douleur ! Vais-je être enlevé comme un enfant, pour jouer au paradis dans l'oubli de tout le malheur ! » Arthur Rimbaud et Jigoro Kano, nés à six ans d'intervalle, hommes de leur époque, aux mêmes beaux visages de la jeunesse, se croisent sans se savoir dans la chaleur du désert et la brume des hautes mers ; l'un s'en va, la vie consumée et la chair brûlée, l'autre arrive, le corps intact et le futur grand ouvert.

Jigoro Kano n'a pas trente ans. Je voudrais le décrire encore : yeux bridés, extrêmement bridés, très tôt le visage de quelqu'un de mature au regard habité. Sur ses photos de jeunesse, il n'a pas encore cette moustache qui attendrira ses traits. Beau garçon, intelligent et sombre, il a le cheveu brun et une raie de côté qu'il conservera toujours. Son affabilité lui donne un aspect engageant qui sera comme un sésame car réserve et distance dominent une personnalité dénuée de fantaisie. Toujours bien habillé, à la japonaise ou à l'occidentale, cet homme trapu a les dons du combattant et les dispositions intellectuelles de cette jeunesse de Meiji qui fera le nouveau Japon.

Kano sait que le judo exigera une assise pédagogique, une théorie. Il veut également accroître l'importance des katas, une codification chorégraphiée qui classe les familles techniques. Cette pratique issue des arts martiaux, mais aussi en peinture, dans l'art du thé – Kano n'a pas *tout* inventé non plus –, serait le meilleur moyen de cataloguer son enseignement. Kano se souvient du supplice qu'était l'apprentissage des katas des écoles de Kito-ryu et de Tenjin Shin-yo-ryu. Il en apprenait le cérémonial, il les analysait. Le judo n'était pas encore le judo. Si le randori, qui relève de l'esprit de combat, est fondamental, l'attention portée à une doctrine l'est aussi. Pour ça, il y aura les katas. L'établissement de la norme technique. Avant son départ pour l'Europe, il a commencé à « écrire » le *nage-no-kata*. Il envisage cinq séries de trois mouvements exécutées à droite puis à gauche qui résumeront le « judo debout ». L'étape sera cruciale : le nage-no-kata est le premier des katas du judo. Il deviendra le plus célèbre.

À l'approche de la Malaisie, après l'interminable traversée de l'océan Indien, un épisode le sort de ses rêveries. Fréquentant quelques passagers, dont un Suisse et un Hollandais qu'il retrouve chaque matin pour converser, Jigoro Kano intrigue quand il parle du judo et passionne quand il en évoque les principes. Un incident va l'obliger à en faire la démonstration. Comme tout est prétexte à distraction, un officier de la marine du tsar provoque les voyageurs en organisant des bras de fer et divers concours de garçons. Kano se mêle au groupe et tente d'expliquer que, parfois, l'intelligence peut vaincre la force. Jovial et entreprenant, le Russe se montre peu impressionné par ce déballage abstrait. « Je suis plus fort que vous, je vous battrai facilement, dit-il. – Moi, si je vous tiens au sol d'une certaine façon, je saurai vous maintenir malgré ma petite taille », rétorque Kano. Son interlocuteur accepte le défi et s'installe sur le dos. Il se laisse immobiliser, certain de se libérer aisément. Impossible. Aucune gesticulation ne produit le moindre effet sur le corps pourtant si frêle qui le maintient. Kano, fort de ses techniques de contrôle, l'empêche de se relever. Les autres passagers applaudissent. Le Russe se relève et propose d'échanger les rôles. Furieux et incrédule, il est sûr d'écraser le petit Japonais. Las, il ne parvient pas à le bloquer – l'autre se dégage comme une anguille entre les mains du pêcheur.

L'officier s'agace et exige un vrai combat. Dès les débuts du Kodokan, Kano a subi les bravades de ses détracteurs et la remise en cause de son enseignement. Qu'on vienne lui chercher querelle ne l'effraie pas et, quoiqu'il déteste se faire remarquer, il accepte le défi de l'officier tsariste.

L'assaut est lancé, le Russe fait le malin, joue de sa puissance. Il le promène de long en large, le secoue et l'ébranle devant les spectateurs circonspects et gourmands qui s'agglutinent sur le pont. Kano ne s'aperçoit pas qu'on tremble pour lui. Sans crainte d'apparaître dominé, il guette le moment propice pour faire le mouvement adapté à la morphologie et à la rusticité de son adversaire. Celui-ci tente de comprendre ses esquives quand soudain tout se précipite. Kano pousse le Russe vers l'arrière, certain qu'il aura une réaction réflexe vers l'avant. Bien joué. Il le tire alors très fort par le haut du corps, pivote sur ses pieds et le charge sur son dos en fléchissant ses jambes pour le projeter dans un mélange de technique de hanche et de mouvement d'épaule, moitié goshi, moitié seoi-nage.

Le Russe se retrouve par terre, vaincu, incrédule. Dans le ravissement et le gazouillement de la foule – ce fut raconté –, on entoure Kano, on le complimente, on le presse de questions. Le battu se relève et, surprise, il est beau joueur. Intrigué d'avoir été berné d'un geste mystérieux, il félicite son adversaire, l'étreint comme un grand frère épaté par un puîné, lui offre une franche poignée de main que Kano accepte. Ils ne se quitteront plus, se fréquentant chaque jour jusqu'à l'escale de Shanghai. On pense à la réconciliation Delon/Belmondo dans *Borsalino*, à *Luke la main froide*, le film de Stuart Rosenberg, dans lequel Paul Newman finit par impressionner George Kennedy, la terreur du camp de travaux forcés qui devient son plus proche défenseur, après qu'il a avalé cinquante œufs durs d'affilée, trompé la vigilance des gardiens et affronté, sourire aux lèvres, la violence des chiens policiers.

Kano, en évoquant l'épisode, ne s'attribuera aucun mérite : « Ce n'est pas une chose dont je pouvais me vanter, écrira-t-il, car, à condition d'en avoir les connaissances, n'importe qui aurait fait pareil. » Parmi les spectateurs privilégiés de l'assaut, un Anglais a remarqué qu'il avait pris soin de son adversaire. « Je savais qu'au moment de la chute il allait heurter violemment le sol, lui confirma Kano, alors je lui soutins la tête. » La brutalité ne sera jamais du côté des judokas.

Sur le bateau, on ne le regarde plus de la même manière. Un journaliste répand la rumeur, qui atteindra le Japon où la célébrité l'attend. Tout à sa passion des voyages, qui lui sera fatale, le jeune homme devine qu'être Jigoro Kano deviendra une tâche à plein temps. Il ne rêve pas d'une vie à haut risque. Parce que aucun tourment ne vient le ruiner, il veut prendre son temps et le donner aux autres, être celui qui se souvient et qui crée. Tokyo marque son retour à l'existence qui est la sienne au milieu de ses élèves. Et il rencontrera Takezoe Sumako et, je n'ose dire, il la prendra dans ses bras, on est chez Ozu, pas chez Imamura. En tournant son regard à l'est et vers cet Extrême-Orient qui l'a vu naître, il se sent juste heureux d'être en mer, pour ne pas oublier son pays, son histoire et son père.

16

Le kimono

Sans le kimono, pas de judo. Quand, impatient de rejoindre mes camarades, je me changeais en vitesse dans le vestiaire, j'étais loin d'imaginer que j'éprouverais de la vénération pour ce vêtement bizarre endossé toutes ces années. Il m'aurait fallu amener le sujet plus tôt : le kimono est le premier bien personnel d'un petit judoka. En lui vibre le raffinement propre au japonisme dont l'Occident a toujours été friand, à l'habit des cérémonies du thé, du théâtre kabuki ou de la sortie du *o-furo*, le bain brûlant pris dans les *ryokans*. Mais la dénomination lexicale est impropre pour notre objet. Il faut dire *judogi*. *Judo-gi*, *gi* pour vêtement. Dans ce livre, on adoptera les deux, comme les judokas le font entre eux.

De couleur blanche, il est composé d'une veste, d'un pantalon et d'une ceinture – le premier qui dit : « Un pyjama, quoi », sort de la pièce. Solide, indéchirable, il résiste à n'importe quelles traction, torsion et tension, qu'elles s'appliquent aux manches, aux revers, au tour de cou et même au pantalon quand les techniques de saisie de jambes étaient jadis autorisées – elles ne le sont plus et c'est dommage : adieu *kata-guruma*, adieu la « roue autour des épaules ».

Neuf, le kimono est recouvert d'une mince couche d'amidon, un peu jaunâtre, qui disparaîtra aux premiers lavages. Il est conseillé de le faire bouillir, et de le choisir deux tailles au-dessus pour amortir le rétrécissement – vous vous dites : maintenant il nous explique comment traiter un kimono en machine ! Mais aucune tâche prétendument triviale ne saurait obérer l'implacable priorité des choses : le rétrécir permet que, bras légèrement pliés, les manches soient suffisamment courtes et rêches pour devenir difficiles à saisir pour l'adversaire. Eddy Merckx contrôlait ses vélos et réglait la hauteur de sa selle en course ; un judoka surveille son judogi.

À l'origine, le kimono de judo empruntait ses codes à celui que les samouraïs utilisaient pour la lutte. Les guerriers n'étaient pas toujours en habit d'apparat. La splendeur des costumes était réservée à la parade et, le reste du temps, ils administraient leurs territoires, ils étudiaient, ils se battaient. Jigoro Kano s'est emparé de cette tenue, l'a améliorée et conçue comme le vêtement solide qui mettrait ses élèves à égalité. D'abord artisanal et simple, le judogi reste tissé de coton, choisi pour sa densité et parce que, en 1882, le faux et le synthétique n'existaient pas. Je lis un catalogue japonais qui vante les propriétés de la fibre : confort, solidité et capacité à absorber la sueur des combats. Voilà. Ceux des enfants sont en tissu simple – le mercredi, on en voit passer des ribambelles dans les rues de France, ceintures multicolores au vent et anorak sur le dos pour ne pas prendre froid. Plus élaborée, la veste des combattants est tissée d'une double matière : en bas, au niveau de la jupe, d'une composition en « diamant » et, en haut, de la taille aux épaules, en *sashiko*, autrement décrit comme un « tissu grain de riz », qui rend le vêtement plus épais, difficilement malléable et râpeux à la saisie, pour ficher d'emblée un coup psychologique à l'adversaire. De fait, des exercices spécifiques sont consacrés au renforcement musculaire des doigts et des mains car ces dernières seront sollicitées dans la lutte pour la suprématie du kumi-kata, d'où le bannissement des ongles longs, des bagues et des montres.

Saisir et empêcher de saisir dépend aussi de la façon dont les manches ou les revers seront faciles à attraper – un judoka chevronné préférera ainsi un vêtement collé au corps, délicat à agripper. Plus les combattants seront chevronnés, plus le grammage du vêtement sera élevé, un truc qui vient aussi avec l'âge : le judogi se change alors en une armure symbolique d'une imparable densité à l'intérieur de laquelle le corps se dérobe au regard de l'adversaire. Car le judogi est un objet personnel – le compétiteur et le professeur, qui sont sur les tapis tous les soirs, en possèdent plusieurs et en changent constamment, conservant seulement la ceinture, nouée et dénouée des milliers de fois, sur laquelle ils s'offrent le plaisir suprême de faire broder leur nom.

Si les femmes mettent un tee-shirt sous leur veste, le kimono est unisexe. Et sur le tapis, on s'accommode de tout : la proximité, le parfum, la sueur, la peau, les poils. Il ne faut pas détester le contact physique. Pour le reste, l'esthétique des tatamis est impitoyable. On a vu des beaux gosses ressembler à Daniel Emilfork en robe de bure et des types d'une grande banalité physique se parer d'une allure de roi. Là encore, au judo comme en football, il faut choisir son modèle : Franz Beckenbauer, port altier, vision du jeu et aisance technique, ou Horst Hrubesch, taureau furieux, déménageur du cinquième étage et chaussettes sur les chevilles.

Il existe une célèbre photo de Jigoro Kano, ancrée dans la mémoire de la discipline mais non datée, non signée, ce qui la rend plus émouvante encore. Dans la force de l'âge – on doit être au tout début du XXe siècle –, il se tient debout, jambes arquées bien campées sur le sol, les deux revers de son kimono plaqués sur l'abdomen plat, sanglés par un nœud impeccable. Tout est court :

la veste dont les manches laissent apparaître les avant-bras recouvre un pantalon descendant à peine au-dessous des genoux, donnant le sentiment d'un équipement qui respire le dénuement et la simplicité autant que la puissance et l'invincibilité.

À Tokyo, à l'ombre d'entrepôts cachés dont je rêve d'entrouvrir les portes, les collections du Kodokan résistent à l'avalanche des jours et préservent la mémoire matérielle du judo. Au troisième étage du musée, des amas de tissus écrus y sont exposés, jusqu'au judogi élimé de Shiro Saigo, dont la valeur surpasse à mes yeux celle du saint suaire d'autant que, contrairement à Jésus de Nazareth, Shiro Saigo s'est laissé prendre en photo. Jésus, c'est la théorie ; Saigo, c'est la pratique : voir un petit projeter un grand relevait jusqu'à l'apparition du judo de l'ordre du même miracle que marcher sur l'eau. Sur Internet, la veste de combat du fondateur apparaît, le Christ est battu – avec circonstances atténuantes : on est dix-neuf siècles plus tard. Sale, usé, mais en bon état, le kimono de Jigoro Kano ! Voué définitivement à la splendeur des vitrines, rien ne le distingue de celui de David Douillet – sauf la taille.

À la fin des années soixante, on a vu le judogi prendre de l'ampleur, et manches et pantalons s'allonger. La tendance est alors au laisser-faire et au laisser-pousser, comme les cheveux de la jeunesse et les rouflaquettes de J.P.R. Williams, l'arrière fantasque du Quinze de Galles qui ressemblait à John Lennon. Sur les tatamis, Jean-Jacques Mounier, le poids léger français qui monta sur le podium des Jeux de Munich, l'inventeur du *morote* à genoux, semblait s'inspirer des années night-club, entre Michel Delpech et George Best. Puis, la tenue a retrouvé une apparence plus « japonaise », je veux dire moins nonchalante.

Il y a de la volupté à enfiler le judogi, qui définit le judoka que vous êtes. Le compétiteur aura pour lui de grands égards, surtout si c'est un Mizuno Yawara 750 grammes. Comme le tireur de penalty qui sait tourner son pied à la dernière minute, le judoka place ses mains d'une certaine manière, l'une tendue vers l'adversaire, l'autre cachée sous l'aisselle, masquant ainsi l'imminence de l'attaque. Ou bien, il tirera sur les deux rabats de la ceinture pour en vérifier le nœud ou, au contraire, la desserrer malicieusement afin de provoquer l'arrêt du combat. Ou encore remontera ses manches dans le but de les soustraire à l'adversaire ou basculera le col sur les épaules pour laisser entrer la fraîcheur de l'air dans le dos. Vitas Gerulaitis remplaçait le ruban de ses raquettes aux changements de jeu et Rafael Nadal se pince le slip du côté des fesses avant chaque service. Chacun ses marottes.

Lavé une fois par semaine, séché au grand air, le judogi sera traité comme un costume sur son cintre, veste et pantalon séparés, ou plié en « boule carrée », avec la ceinture croisée pour l'enrouler.

Un beau kimono, odeur du propre et blancheur de l'innocence, galvanise. Corps savonné et conscience libre, muscles relâchés et cœur reposé, pieds nus sur le moelleux du tapis, le combattant se sentira en paix. Il ne fera pas de meilleurs combats mais il appréciera l'harmonie technique avec ses partenaires. Cette plénitude sera créée par un judogi qui sied, dans le confort de l'intime et l'esthétique du collectif : c'est splendide, et c'est unique, un rassemblement de judokas au moment du salut.

Dans une carrière, les kimonos filent et défilent, s'usent et vieillissent, paient le prix des heures de randori et des uchi-komis, des litres de sueur et de la rudesse des chutes. Je ne sais pas vraiment où j'ai fichu les miens, dans des cartons, sûrement, avec mes vieux survêtements, mes coupes et mes médailles. J'ai égaré la plupart de mes ceintures, j'en ai offert certaines à mes élèves, j'en possède d'autres que je n'ai jamais utilisées, resplendissantes et noires comme des Soulage – les acheter me ramenait psychologiquement sur le tapis.

Jusqu'à l'âge adulte, porter le kimono m'était naturel, l'endosser à nouveau pour la cérémonie des vœux, après tant d'années à en avoir oublié l'usage, va me faire de l'effet. Face à des dizaines de judokas réunis sur l'immense tapis de l'Institut du judo français, je prononcerai mon discours en habit de lumière. Un kimono.

17

Des champions qui vacillent

1973. Dans la solitude des petits nouveaux, je m'empressai de m'inscrire à la bibliothèque municipale, boulevard Ambroise-Croizat, le père de la Sécurité sociale et du système des retraites – Vénissieux la rouge, toujours.

Il suffisait de descendre des Minguettes : je m'y rendais à bicyclette, une Jolivet orange, couleur de l'équipe Molteni d'Eddy Merckx, achetée un an plus tôt dont je me servais pour tous mes déplacements, et remonter sur les hauteurs de la ZUP revenait à affronter les mêmes pourcentages que ceux des cols du Vercors. Dans ma nouvelle enfance, cette bibliothèque publique fut avec le Judo Club de Saint-Fons le premier territoire que je m'appropriai. Quand je deviendrais un apprenti historien, pendant les années quatre-vingt, et que je passerais mon temps dans les archives et les salles de lecture, ce sentiment d'intimité ne me quitterait jamais : aucun endroit sur terre ne me semble plus accueillant et plus réconfortant que celui qui est empli de livres.

Je me dirigeais toujours au rayon sport, avec les œuvres de Roland Passevant, chef du service des sports à *L'Humanité*, bien en évidence. Enfant, on vous incite à faire des herbiers, moi c'était les albums Panini, les catalogues Campagnolo, les publicités Shimano et les vélos Peugeot. Chaque semaine, j'empruntais quantité d'ouvrages : j'en retournais certains très en retard, me faisant tancer par une dame qui écoutait du Ferrat toute la journée ; j'en rendais d'autres discrètement amputés de plusieurs clichés découpés pour mon « album sport ». Acte inavouable et péché public mais découvrir dans *Les 400 Coups* que Truffaut volait les photos dans les halls de cinéma atténua ma honte – si je l'évoque, c'est qu'elle est encore là. Nous n'avions pas les mêmes obsessions : lui, c'était Harriet Andersson dans *Monika* d'Ingmar Bergman, et pas Johan Cruyff dans *L'Année du football* de Jacques Thibert.

Après le collège Paul-Éluard, je fus orienté vers la seconde C du lycée Marcel-Sembat. L'obsession des profs et des proviseurs, c'était les matières scientifiques. Et celles de l'époque, la politique et la révolution. Moi, c'était le sport. Tout à la nonchalance des garçons de mon âge, je me fichais de mon avenir. J'aimais déjà le cinéma et la poésie, je voulais enseigner et écrire des livres. Je vivais au milieu d'adultes très engagés que mon statut de judoka impressionnait, et désorientait. Les temps n'étaient pas à la bagatelle et, quand je ne ratais rien de « Sport Dimanche » sur la première chaîne et de « Stade 2 » sur la deuxième, ils se montraient hostiles à l'actualité sportive, ignorant que mes débats idéologiques à moi, c'était Pierre Villepreux plutôt que Mao Tsé-toung qui, certes, avait traversé le Yang-Tsé-Kiang à la nage pour épater ses gardes rouges mais n'était pas un théoricien du rugby et n'avait pas réinventé le poste d'arrière.

Dans mon milieu, il me fallait masquer ma ferveur. « Le sport est l'opium du peuple », entendait-on, un mantra inlassablement répété par ceux qui se précipiteront avec le même unanimisme sur les horribles années quatre-vingt du consumérisme illimité, de l'aérobic en collants et du souci exclusif de soi. Née dans ces années soixante-dix où le sport était pourtant moins corrompu qu'aujourd'hui, cette idée puritaine, qui ne cessera jamais de sous-entendre que les ultras des virages sont tous de louches abrutis, imprègne encore les modes de pensée. À tort, car on le sait maintenant : l'opium du peuple, c'est surtout… l'opium. Plutôt que d'aligner les lignes de coke en dévastant le Mexique et l'Afghanistan, de dire des âneries et de culpabiliser les gens, les influenceurs de l'époque auraient été plus inspirés de faire davantage d'exercice ou de se pencher sur le nouveau football hollandais et ses ambitions collectives : tout le monde attaque et tout le monde défend – ce qui aurait pu marcher aussi en société. Les quatre buts extraordinaires que les rouge et blanc chevelus de l'Ajax d'Amsterdam marquèrent face à leurs présomptueux collègues du Bayern de Munich le 7 mars 1973 restent un sommet d'intelligence et de solidarité.

Être le supporter d'une équipe ne me semblait pas faire de moi un sous-être social mais j'ai appris à me méfier – quand il faudrait défendre les films de Sylvester Stallone, *Paradise Alley* ou *FIST*, et l'excellent *Rambo : First Blood*, je serais tout aussi prêt à débattre. La vie était politique. Dans *Les Années*, Annie Ernaux se rappellera : « Acheter une voiture, noter un devoir, accoucher, tout faisait sens. » Sauf le sport, qui faisait sens contraire. Dans la cour du lycée, entre l'apolitisme paresseux, de droite, et la comète révolutionnaire, de gauche, le passage n'était pas large. Un temps, j'ai donné dans la contestation de la réforme Haby, moment exaltant qui me plongea dans des assemblées générales interminables, de sorte que j'ai fui comme la peste les organisations, les groupuscules et les réunions, convaincu que tout ça n'était que mimétisme du passé. Je le vivais comme une dépossession de soi, l'impossibilité d'échapper à une image type de l'adolescence enflammée à laquelle l'époque nous attachait. Il fallait se justifier, se positionner, se légitimer, répliquer au « D'où tu parles ? » brandi à l'infini. À ça, nous n'avons jamais cessé de répondre : « Des Minguettes. »

Bruce Springsteen dit cela dans son autobiographie : « *It's one foot in the light, one foot in the darkness, in pursuit of the next day* », « Un pied dans la lumière, un pied dans les ténèbres, en route vers demain ». Car les temps étaient formidables aussi, ils étaient tumultueux, ils avaient leurs expressions, leurs tics, leur drôlerie, leur violence verbale, leurs idées foisonnantes, innombrables, séduisantes, amusantes, grotesques, dangereuses. Non que je ne fusse pas politisé : avec les parents que j'avais, cela allait de soi, et la lutte contre la société de consommation et la misère du monde dominait les conversations familiales – on ne savait encore rien de la destruction de la planète et de l'extinction annoncée des humains. Leurs amis se montraient capables de grandes envolées théoriques et j'admire toujours les militants, les gens qui protestent, qui s'engagent, qui donnent leur salaire pour la cause. J'aimais les manifs parce que c'était une affaire de groupe, les poings levés devant la banque de Bilbao, place du Pont à Lyon, parce que c'était contre Franco que haïssait mon copain Paquito Exposito. Au judo, j'étais dans cette schizophrénie qui m'accompagnera souvent, et les fils de la France moyenne, non politisés, me regardaient d'un air bizarre quand je leur racontais tout ça. Être issu d'un milieu où livres, films et discussions politiques étaient naturels me mettait à part, parfois, dans le vestiaire.

Le jargon sophistiqué de l'époque me faisait peur, ou rire – que ça recommence aujourd'hui ne me dit rien qui vaille. Ceux d'avant avaient fait 68. Nous ne voulions pas prendre le train en marche. Nous craignions d'être enrôlés dans des organisations ayant perdu le sens de l'humour, dans des embrigadements qui nous empêcheraient de jouer au foot en bas de l'immeuble – comme Pasolini sur ses tournages. On voulait juste traîner dans la ZUP et revenir sur quelques questions existentielles fondamentales comme : dans le Tour 1971, Eddy Merckx aurait-il finalement battu Luis Ocaña si l'Espagnol n'avait pas violemment chuté, maillot jaune sur les épaules, dans la descente du col de Mente, un après-midi d'effroi et de tonnerre ? Marcel Cerdan aurait-il pris sa revanche sur Jake LaMotta, le « Raging Bull » de Scorsese, si son avion ne s'était pas écrasé aux Açores ? Et même, pour les Lyonnais que nous étions : les Verts de Saint-Étienne auraient-ils remporté la finale de coupe d'Europe 1976 si, sur le shoot fracassant de Dominique Bathenay, les poteaux de but du stade de Glasgow avaient été ronds plutôt que carrés ?

J'aimais l'engagement des autres et ne trouvais pas le mien. Un jour, j'ai compris pourquoi : notre génération n'a pas connu les années soixante et n'a pas été dupe des années quatre-vingt. Nous n'avions pas de pouvoir à combattre, pas de montagne à escalader, notre place dans ce monde était là où nous nous trouvions, dans le seul privilège d'exister. Avions-nous, au printemps de nos rires, de quoi dire et de quoi accomplir ? On ne le saura pas, nous ne l'avons pas fait. Et nous avons eu tort. À Lyon, nous aurons Radio Canut, comme un rêve de radio libre, mais c'est NRJ, une radio commerciale, qui mit la jeunesse dans la rue. Au milieu de plus grand-chose, méfiants de la pose et de la supercherie, nous n'avons été présents à rien. Notre mémoire s'est arrêtée aux portes de l'Histoire – elle aura franchi celles des stades, des salles de concert et des cinémas ; on y faisait du bruit, c'est déjà pas mal. Sans doute est-ce commode de prétendre n'avoir jamais été soumis à un idéal. Au moins n'en avons-nous trahi aucun. Quoique n'avoir rien à trahir était frustrant. Les aventures vécues par d'autres ne seraient pas les nôtres : les grands sujets étaient déjà épuisés quand ils sont parvenus jusqu'à nous.

Les artistes, comme les sportifs, résonnaient d'une voix différente et, comme vade-mecum idéologique de substitution, cela m'allait très bien. Ma conscience politique s'éveillait à la lecture du journal *Pilote* et aux dessins de Gotlib, aux films de Ford, de Godard et de Tavernier, à la lecture d'Émile Zola ou de Joseph Conrad. J'adorais la chanson d'auteur comme bientôt j'aimerais le cinéma d'auteur : Barbara et Colette Magny, Henri Tachan et Renaud, Graeme Allwright et

Serge Lama – bien sûr, il y avait les empereurs Aznavour, Brel, Brassens et Ferré. Tous m'ont appris à penser la vie avec nuance. Ou même sans nuance, quand Font et Val arrivaient joyeusement sur scène en chantant *On s'en branle*, cet anarchisme artistique me comblait – c'était devenu notre hymne. Clamer son admiration pour Michel Sardou autant que pour Maxime Le Forestier provoquait chez les dogmatiques un embarras jouissif et ma passion d'enfance pour Johnny Hallyday ne m'a pas empêché de railler les nouveaux convaincus, qui ne connaissaient même pas par cœur les paroles de *Cours plus vite Charlie* : les années quatre-vingt remirent en selle le chanteur abandonné dans un retournement qui faisait d'une « néo-rock'n'roll attitude » devenue marchande la vertu cardinale des temps médiatiques triomphants. Heureusement, pour le hard rock, il nous restait les Lyonnais Ganafoul, Starshooter et Killdozer, ou BB Ogino, un groupe admirateur de Led Zeppelin qu'on allait écouter au Bar du H du campus de l'INSA parce que Maria, la chanteuse, était la sœur de Paquito, le copain espagnol de la ZUP.

Le seul moyen d'échapper à la complexité des temps était le sport. Encore que : « L'esprit de compétition est une mentalité perverse », clamaient les idéologues. Pour l'admirateur de Jean-Claude Killy que j'étais, c'était dur à encaisser. La compétition peut avoir des effets délétères mais n'a jamais rien interdit, ni empêché. Ça mériterait qu'on en parle longuement. Tout à ma schizophrénie de gémeaux ascendant gémeaux, je lisais pourtant la revue *Quel corps ?* qui pensait que le sport était d'essence fasciste et que la révolution devait commencer en sortant les gens des stades – bon, c'était toujours mieux que de les y parquer. Mais je savais changer de sujet et ne laissais pas toucher au judo dont nul ne connaissait l'esprit. La marchandisation du monde, qui n'a plus l'air de gêner personne, relèverait d'une conscience supérieure contre laquelle on ne pourrait rien ? Il reste que, en observant les avenues des grandes capitales, j'ai du mal à accepter la domination des vitrines magnifiant des paires de baskets comme s'il s'agissait de bijoux précieux, que je ne peux oublier que ce monde accro aux séances de gainage, aux marathons internationaux et aux clubs de musculation est le même qui moquait ceux qui couraient dans les rues des villes ou les forêts du dimanche, qui allaient au stade avec leurs enfants, toutes choses qui frisaient la luxure pour les militants des temps d'avant.

Dans la légèreté de l'enfance, l'amour du sport m'apprit la passion des athlètes, la mémoire des villes et la description de l'exploit. Je me souvenais par cœur des courses, des matchs, des cols du Tour, des compétitions de troisième zone. J'étais comme une éponge, oublieux des cours de maths alors que je retenais sans problème qu'aux Jeux de

Munich, Klaus Wolfermann avait gagné le concours du javelot, Vassili Alexeiev l'épreuve des super-lourds en haltérophilie et que, sur la piste du vélodrome, Daniel Morelon était imbattable. Je lisais tout, je voyais tout, j'aimais les Japonais au soleil levant brodé sur leurs kimonos, les Russes en maillot rouge siglé CCCP (« CouCou-rouCoucou Paloma », se moquait Coluche), je connaissais par cœur l'hymne américain et pouvais énumérer les sept médailles d'or en natation de Mark Spitz qui, pour narguer ses adversaires qui se rasaient le crâne pour filer plus vite dans l'eau, s'était laissé pousser la moustache.

Le cercle de mes admirations s'élargissait, s'élargissait, s'élargissait. Aucun sport n'échappait à mon regard – sauf le curling. Une autre histoire du monde se jouait chaque week-end, jour de match et soir de tournoi. Mes parents m'observaient avec résignation, je crois. Le sport me sortait de ma timidité et faisait office de science secrète. La manie de l'érudition précéda celle du cinéma. C'est quoi le mot « cinéphile » pour le sport ? J'ai appris à retenir la liste des vainqueurs du Tour pour me souvenir de la filmographie de Murnau. Aujourd'hui, j'entends mon fils énumérer les noms de groupes de rap avec la même aisance qui lui fait égrener chaque week-end la composition de l'Olympique lyonnais féminin ; je sais que ça lui donne confiance.

Des athlètes se hissaient au-dessus du commun pour entrer dans la légende, laissant les réfractaires à leurs dérisoires moqueries. Il y a toujours eu des artistes incompris de leur époque. Un ami critique disait : « Je ne pardonnerai jamais à ceux qui ont sifflé Carl Dreyer lors de la première projection de *Gertrud* à Paris en 1964. » La même année, la foule, qui n'aimait pas les vainqueurs, avait hué Jacques Anquetil avant de s'en repentir tant la trace qu'il laissa fut simple et belle. Il n'est nul besoin d'aller loin pour trouver dans le sport tous les ingrédients propres à l'acte poétique, et un jour on s'en est enfin aperçu quand Jean-Luc Godard et Serge Daney ont rendu le tennis fréquentable auprès des intellectuels cinéphiles qui, même en la matière, ont besoin de maîtres penseurs. Antoine Blondin ne pouvait y prétendre, c'était un anar de droite et il buvait trop. Mais il a enchanté le Tour de France de sa propre gloire. Et on s'incline devant celui qui a écrit : « Les bouteilles à la mer ne ramènent pas souvent les réponses. » C'est en lisant *L'Équipe* et *Le Miroir du cyclisme*, Pierre Chany et Maurice Vidal, qu'adolescents nous apprenions ce qu'était l'écriture et qu'il n'y avait nulle honte à prendre la meilleure part de cette littérature – aujourd'hui, Vincent Duluc et Philippe Brunel en perpétuent la splendeur. Et si, dans les années cinquante, les attaques de Jean-Paul Sartre (l'exemple parfait de l'intellectuel étranger à la question du corps) ont affaibli la voix d'Albert Camus, le XXIe siècle donne raison à celui à qui il était reproché d'aimer le sport et qui a dit : « Tout ce que je sais sur la morale et les obligations des hommes, c'est au football que je le dois. »

Ce n'est que bien plus tard que les intellectuels sont sortis du bois, quand le risque de passer pour des demeurés avait vécu. Mais quand l'évidence de la beauté du sport était là, avant que le dopage et les *fake news* ne l'engloutissent, il n'y avait guère de monde. Le 100 mètres était le 100 mètres et les coureurs souffraient vraiment pour escalader le Ventoux en se prenant le vent de face au Chalet Reynard. Le chronomètre, le ring ou la montagne disaient la sincérité des choses, dans l'immanence d'une dramatique vérité dissimulée dans la folie des époques. À mes yeux d'enfant, le sport était pur, il était droit, il était légendaire – et je n'acceptais pas qu'on me dise le contraire. Il prodiguait de la joie et de la douleur, en livrant un verdict implacable et une vérité cruelle – ça vous habitue pour toujours à accueillir les mauvaises nouvelles de l'existence.

Les figures auxquelles je m'intéressais n'étaient pas parfaites. Ces années-là furent même funestes pour mes dieux à moi, athlètes en faillite dont le règne vacillait quand je voulais qu'il dure éternellement, puisque j'arrivais à eux. Giacomo Agostini, l'Italien invincible chevauchant sa MV Agusta ne fut sauvé des abordages inouïs du

Finlandais volant Jarno Saarinen que par la mort tragique de ce dernier, une légère trace d'huile se jouant de son bolide de fer et de feu. Eddy Merckx ignorait ceux qu'il battait, les journalistes qui le suivaient, les spectateurs qui l'insultaient. On attendait sa chute et qu'elle profite à Poulidor, Gimondi ou Zoetemelk, qui, eux, n'attaquaient presque jamais. Merckx souffrait qu'on le pensât tourné vers autre chose que la victoire. Il n'était que volonté, sans regard pour ce monde au-dessus duquel il s'élevait.

Ceux que j'aimais étaient mal aimés. Ça m'est resté, en cinéma, cette affection pour ceux qu'on aime pas, ou pas assez, quand ils sont si nombreux à l'être trop. Sans eux, le monde aurait été différent. Le public qui prenait Muhammad Ali pour un vantard se réjouissait de voir Joe Frazier l'envoyer au tapis au quinzième round et qu'il ratât ainsi son retour sur le ring – combat du siècle, Madison Square Garden, New York, 8 mars 1971. Moi, je l'adorais. Sous la beauté et le talent, les provocations et la religion, je le sentais fragile. Son arrogance et sa grande gueule ne dissimulaient la force de ses convictions qu'aux yeux des idiots. Son « Je n'irai pas faire la guerre à ces Vietcongs qui ne m'ont jamais traité de sale nègre » m'en apprit plus que dix leçons d'Histoire ; tout comme son formidable : « Les Vietnamiens sont des Asiatiques noirs. » Sur le ring, il faisait tout ce qui était interdit, il sautillait en baissant la garde, se réfugiait dans les cordes pour haranguer ses adversaires (« C'est tout ? Tu ne vas vraiment pas me frapper plus fort que ça ? »), lançait ses coups en reculant. L'opinion le rejetait, on a oublié ça, que celui qui émut le monde entier quand il alluma la flamme aux Jeux d'Atlanta d'un corps secoué de tremblements parkinsoniens était l'un des hommes les plus abominés du monde. Bientôt, j'aurais une passion pour d'autres grands délaissés, préférant Alain Prost à Ayrton Senna et Diego Maradona à Lionel Messi.

Sport et cinéma racontent notre siècle. Ils sont populaires, ils produisent du sens, du rêve et du drame. Désormais, l'argent domine mais, aux jeux Olympiques comme à Cannes, il y a les stars, les vieux maîtres, les artisans, les étoiles filantes, les oubliés, les jeunes pousses et les fausses valeurs dans une hiérarchie aristocratique acceptée par tous. Avec les mêmes miracles : la victoire incertaine d'un outsider qui révolutionne en *fosbury flop* le saut en hauteur ou un metteur en scène coréen gagnant avec un film venu de nulle part la Palme d'or, l'Oscar et le cœur des spectateurs de la planète.

Le temps a passé depuis mes premières lectures à la bibliothèque municipale de Vénissieux. J'ai souvent acheté des ouvrages de judo, qui étaient les seuls liens qui me rattachaient à lui quand je ne le pratiquais plus. Depuis le premier, acquis avec mon argent de poche, *Le Guide Marabout du judo* de Luis Robert, jusqu'à celui que j'ai récemment retrouvé sur Internet : *L'Aventure du judo français : Albertini, Auffray, Brondani, Coche, Mounier, Vial* de Christian Quidet, publié en 1973, près d'une centaine d'ouvrages, français, anglo-saxons, japonais, viennent jalonner cette histoire dont je me souviens ainsi qu'elle est aussi la mienne. À l'époque, quand j'étais en « stage combattants », j'emportais des bouquins. Parmi les compétiteurs, je me savais avantagé d'un point : je connaissais l'histoire, j'avais soif d'apprendre. Je lisais. Plus tard, je saurais qu'aimer le cinéma m'amènerait à lire sur le cinéma car aimer le judo m'avait conduit à lire sur le judo. Et cela décida d'une chose : je n'ai jamais rien séparé des livres.

Ce soir, dans le silence de cette grange aménagée où j'entasse mon existence, je contemple la « bibliothèque sport » amassée avec les années. Elle a le visage de ma jeunesse. Elle se compose de nombreux trésors, de manuscrits rares et d'éditions originales, qui côtoient avec la même *présence* l'intégrale des aventures de Blueberry, les raretés d'Astor Piazzolla et les catalogues du cinéma français de Raymond Chirat. Dans un coin spécial, il y a les livres sur le judo. J'ignorais qu'ils m'attendaient là-bas pour me permettre d'écrire celui-là.

18

La fin n'est pas encore montée

(entracte)

Lundi 11 mars 2019, 18 heures. Je sors de l'« Editing Room » de Quentin Tarantino, sur Alta Vista Street, à Los Angeles. Pour la post-production, le cinéaste a l'habitude de louer une maison, de s'y installer avec ses collaborateurs et de s'y enfermer jusqu'à ce que *vie* s'ensuive, soit un film terminé. Je quitte lentement ce quartier de maisonnettes dissimulées entre Beverly et Melrose, proche du centre d'Hollywood mais qui semble à l'écart de tout, des Oscars, des studios, du parc Universal et des passages touristiques obligés. Là, l'un des cinéastes les plus importants de l'époque fabrique l'un des films les plus importants de l'année. Le temps s'obscurcit mais le ciel rougeoyant est troublant de beauté, un mélange de mauve et de bleu qui fait du soleil couchant d'hiver le plus somptueux des cadeaux.

Hier, nous avons dîné sur Rodeo Drive et il m'en a dit un peu plus sur cette œuvre encore secrète dont n'importe quelle occurrence sur Internet embrase la communauté cinéphilique mondiale. De ce film au titre très léonien, *Once Upon a Time in... Hollywood* (« Et les points de suspension sont fondamentaux ! » dit-il), il semble très heureux et, saisissant la prompte inquiétude qui se lit sur mon visage lorsqu'il en évoque l'achèvement, m'assure qu'il fera tout afin qu'il soit prêt pour Cannes. À sa façon de le dire, j'en déduis immédiatement que rien n'est sûr.

Quentin Tarantino est conforme à sa légende et on le trouve pourtant toujours au-delà. S'il a longtemps cultivé, souvent à ses propres dépens, une image de mauvais garçon, il est dans le privé un homme délicat. « Ils m'ont laissé faire ce film, j'espère pour eux qu'il marchera. » Il respecte ses producteurs mais sait se débrouiller, écriture, tournage, montage, pour garder le contrôle.

Je lui ai apporté deux bouteilles de côte-rôtie, un vin qu'il avait découvert à Lyon et qu'il a tenu à déguster immédiatement, à la stupéfaction du serveur. Et il a levé son verre en portant un toast « aux cinéastes ». Nous parlions de Martin Scorsese et de Francis Coppola, et je venais de les comparer à des héros. S'il est de coutume de dire que le débit de Scorsese fait songer au rythme d'une mitraillette ou disons à celui d'une Underwood, la machine à écrire de Dashiell Hammett, la parole de Tarantino est celle de l'acteur principal d'un opéra rock qui se serait approprié tous les rôles du livret. À cinquante-six ans, il ne change pas et dès qu'il parle de cinéma, c'est-à-dire dès qu'il parle, reviennent ses enthousiasmes, ses passions, un brin d'inquiétude sur l'amoindrissement du sujet cinéma dans les conversations de restaurant (« Mais pas à notre table ! » hurle-t-il) et une humilité non feinte sur son travail : « J'étais content du scénario et j'espère que le résultat sera à sa hauteur. Mais je suis loin d'avoir terminé. »

Vous vous dites : on s'éloigne du judo. Non : pour une fois, c'est le long-métrage qui fait l'entracte et non le contraire. On s'arrête un instant car quelqu'un a décidé de parler de son enfance. Tout à l'heure, dans cette mini-salle au premier étage de son quartier général, Quentin m'a montré une grande partie de ce qui devrait approcher, affirme-t-il, deux heures quarante-cinq minutes. J'en aurais bien pris le double : le plaisir est intense et chaque plan accroît le désir que ça ne s'arrête jamais. Mais le studio ne sera pas d'accord, personne n'accepte plus une telle longueur – sauf nous, les spectateurs, pour qui le grand écran doit enflammer l'esprit s'il veut survivre au petit, au tout petit, même, tant la jeune garde cinéphile semble s'être définitivement habituée aux projections sur tablettes, dans les voitures et les

TGV. Je l'avoue, j'ai revu *Kill Bill* 1 & 2 sur la mienne en un aller-retour Paris-Lyon, et ça tient le coup, mais je n'en ai rien dit à Quentin qui, dans son cinéma du New Beverly, ne rêve que de copies 35 mm et de projections en Cinémascope.

Quand l'image s'est soudainement figée sur les déambulations désabusées de Rick Dalton et de Cliff Booth, ses deux personnages, les *beautiful losers* dont le film est le mausolée, Quentin a dit : « Voilà ! Tu ne verras pas la fin, elle n'est pas encore montée. » Silence. « Elle le serait que je ne te la montrerais pas. » Un autre silence. « Je veux que tu la découvres à Cannes ! » Un éclat de rire. « Enfin, si tu retiens le film en compétition ! » Un deuxième éclat de rire. Privilège éphémère de ce rôle de sélectionneur cannois qui fait de moi, dix semaines par an, le détenteur de secrets qui feraient trembler la (petite) planète médiatique s'ils étaient révélés.

Même privé de la fin de l'histoire, dont Quentin me promet qu'elle surprendra, je suis encore sonné par ce que j'ai vu. Parce que cela ramène aux passions d'enfance et moi à la façon dont j'ai envie de parler du judo. Il y a des films hantés par la mort, celui-là est hanté par la vie. Il y est question de l'estime de soi, celle qu'on a perdue et celle qu'on retrouve, dans le hasard d'une rencontre inattendue avec une enfant. Dans une plasticité narrative extrême et des répliques qu'on écoute en regardant les acteurs dans les yeux, avec un étirement des dialogues et de multiples digressions qui assemblent le film sans avoir l'air d'y toucher, *Once Upon a Time in... Hollywood* se déploie scène après scène dans une forme de cinéma dont on peut craindre que le sombre avenir des images ne la raréfie.

Le mystère d'une œuvre ne se révèle jamais au dernier carton du générique, un film laisse infuser lentement ce qui en fait la puissance, la vérité et l'intime rapport qu'il impose. Ça peut, ça doit prendre du temps. Qui a percé en une écoute les mystères du *Concerto de la main gauche* de Ravel ? À la hâte de revoir ce film – et à la crainte de mourir avant d'en connaître l'issue – s'ajoute le soulagement de savoir que ce cinéma-là peut encore exister, comme la conviction qu'on doit le protéger, quand il sera réduit à sa sortie à une note sur vingt, à quelques étoiles dispersées dans les journaux et au ricanement contemporain.

Dans la petite salle où trônait l'écran de projection, il était assis derrière moi. Je le sentais guetter mes mouvements, épier la moindre de mes réactions, s'inquiéter jusqu'à de mes respirations. La scène me rappelait cette histoire qu'on raconte sur Harry Cohn, le *mogul* de Columbia, le studio qui, coïncidence heureuse et si hollywoodienne, produit ce film en 2019. Dans les années quarante, il avait fait installer, dans sa salle de projection privée, des sièges qui grinçaient. « Si les sièges font du bruit, disait-il, c'est que les gens bougent. S'ils bougent, c'est qu'ils s'ennuient. S'ils s'ennuient, c'est qu'il faut reprendre le montage. »

Dans les substances les plus fortes d'un film étonnamment tendre à l'égard de ses personnages principaux, il y a ce soin que Tarantino met à retrouver l'année 1969, le Grauman's Chinese Theatre, les clubs du Sunset Strip, les maisons des collines bâties dans l'euphorie d'avant le désastre écologique, les devantures des cinémas, les voitures d'époque et le fond sonore des radios californiennes. Un soin à quelques dizaines de millions de dollars, en scope, en couleurs et en 35 mm argentique – « Et pas ces merdes de DCP numériques, pouah ! » s'animait-il tout à l'heure.

Je sais ce qu'est le cinéma. J'étais là pour ramener Tarantino sur la Croisette. Je ne craignais pas la discussion serrée qui m'attendait à la fin de la projection. Mais une émotion m'étreignait déjà : c'est une autobiographie sur écran que j'avais vue. Dans cette œuvre de musique et de printemps, Tarantino ajoute à ses introspections cinéphiles classiques une autre partition, celle de son propre commencement. Jouant avec ce train électrique « wellesien » que lui a offert Tom Rothman, le président de Sony-Columbia, il se détourne avec joie des conventions et refuse de raconter une histoire, déplaçant sans cesse le centre de gravité du scénario pour élargir le tableau. Bien malin qui pourrait résumer *Once Upon a Time...* d'un « pitch », ce mot chic qu'on emploie jusque dans les bureaux parisiens. Tarantino invite à la contemplation pour retrouver le temps, la durée, le passé, et il le fait à coups d'éléments fugaces, de quelques plans de stations-service et de lumières d'hôtel, et d'une scène entre DiCaprio et Pacino chez Musso & Frank qui ravive le Hollywood des agents, des producteurs et des studios. Un système à son crépuscule, et qui chancelle.

Dans la voiture de Didier qui s'approche de Golden Bike sur Wilshire Boulevard où l'on trouve les plus beaux vélos de Los Angeles, je repense à nos conversations d'hier soir. Chez Tarantino, la mécanique critique n'est pas encore accomplie – ce type a sa place dans le Grand Panthéon, ils ne sont pas si nombreux et il est le plus jeune. Je repense aussi à ce qui se joue en ce moment dans nos métiers : les salles, les plateformes, les séries. Quentin a toujours dit qu'il ne ferait que dix films – et moi que je l'accueillerais jusqu'au dernier. *Once Upon a Time...* sera son neuvième. Il ne lui reste pas beaucoup de temps, à lui non plus. Ça n'est donc pas un hasard que cet opus 9 laisse échapper ce parfum d'intime et impose ce qu'on trouve en littérature plus souvent qu'au cinéma : une œuvre dont le dessein secret est d'explorer sa propre existence. Les écrivains peuvent raconter leur vie, les cinéastes n'ont pas ce luxe, sauf à s'appeler Fellini ou Truffaut, et quand Akira Kurosawa a réalisé un film personnel, *Dodes Kaden*, ça s'est terminé par une tentative de suicide.

Le film de Tarantino est un requiem pour une ville perdue et une mémoire enfuie, une veillée mélancolique de ce que fut le cinéma. Avec de grands éclats de rire, un plaisir infini et un fond de tristesse, dans ce portrait déglingué de l'acteur « westernien » déchu et de son double cascadeur revenu de tout, protégés par cette allure que Tarantino, qui n'est pas « hawksien » pour rien, désigna à Lyon pour définir Belmondo : la *supercoolerie*.

La projection m'a fait un bien fou. Dans la voiture, nous chantonnons la musique que Lalo Schifrin avait écrite pour *Mannix* dont on vient de voir le générique, montage en *split-screen* de Mike Connors et Gail Fischer, l'une des premières vedettes noires de la télévision américaine, la première aussi à remporter un Golden Globe. Nous nous remémorons cette séquence, juste avant que Tarantino n'interrompe la projection, ces mouvements à la grue au-dessus de l'enseigne d'El Coyotte, le restaurant mexicain, ou de celle du Vine Theatre dont la gigantesque marquise affiche *Romeo et Juliette* pour le huitième mois de suite, ce gros plan sur le déclenchement d'un magnétophone à bande magnétique, cette autre séquence qui voit Brad Pitt dîner seul avec son chien, juché sur le toit de sa caravane pour regarder clandestinement un film projeté par le drive-in voisin. Je repense à cette scène où il se chamaille avec un Bruce Lee arrogant et drôle, Bruce Lee, le James Dean des enfants que nous étions, dont je vénérais l'allure, les *mae-geris*, les cris et l'inimitable maniement du nunchaku. J'avais enchaîné ses films, *The Big Boss*, *La Fureur de vaincre*, *La Fureur du dragon* et *Opération Dragon*, vu trois fois de suite au Gambetta, place du Pont à Lyon, quand la ville comptait soixante salles de cinéma.

Une œuvre d'art fait de celui qui la regarde quelqu'un de différent, c'est pour cela que c'est une œuvre d'art. Tarantino prend le spectateur pour un ami et le plonge dans sa propre histoire. Tout résonne comme s'il lui fallait faire ce film maintenant. De cet été où les utopies des *sixties* vacillent, de ce monde qui ignore qu'il se dirige vers le reflux des années quatre-vingt qui nous ont menés où nous sommes, il n'élude rien et délivre, jusqu'à la jouissance du moindre détail, un somptueux « Je me souviens de mon enfance à Los Angeles dans les années soixante ». C'est de lui qu'on attendait le moins cette introspection, et qu'il l'enrobe d'un tel engagement.

Tarantino, le cinéphile californien qui s'est toujours caché derrière ses références adorées, déclare : c'est moi et c'est ma ville, c'est par elle que j'ai été élevé. Ce regard-là est si inattendu qu'il en est bouleversant. À la fin de la projection, j'ai pris Quentin dans mes bras. Il renouvelle ce qu'on savait de lui, de son cinéma, de Los Angeles, et interroge la vie qui va quand on prend de l'âge et que le soleil couchant approche de Mulholland Drive. Et dit qu'il est parfois temps de visiter notre mémoire et célébrer ce qui nous fait : ça amoindrira les regrets pour les années qui viennent et ça nous aidera à vieillir.

L'enfance est un monde à part, territoire imaginaire et réel dans lequel on est seuls à pouvoir retourner. Une chanson, une image, un parfum, on en aura le souvenir juste avant le dernier souffle. Ce film se déroule pendant l'année 1969, celle où j'ai commencé le judo, et dont les mois et les jours viennent de revenir vers moi, comme ces films, ces morceaux de musique et ces salles sont revenus vers un cinéaste qu'on n'attendait pas là. Voilà aussi pourquoi je voulais parler de ça. Fin de l'entracte.

19

L'été 1975

Le jeudi 23 octobre 1975, Jean-Luc Rougé est devenu le premier français champion du monde de judo. C'était à Vienne, en Autriche. En finale, il battit le Japonais Michinori Ishibashi dans un affrontement longtemps incertain, dix minutes d'un shiai tendu, à l'épuisement ravageur. Toute la journée, Rougé avait combattu en héros, éliminant un Polonais, un Russe et, en finale de tableau, le rude Anglais David Starbrook (j'adorais ce nom, Starbrook, et ce Britannique fantasque qui le portait). Christian Quidet commentait le judo à la télévision, c'était toujours lui qui s'y collait, il faisait de son mieux pour montrer qu'il connaissait la question. On assista à l'éclosion de Vladimir Nevzorov, Russe fort parmi les Russes forts, Shozo Fujii fit à nouveau une éclatante démonstration, Jean-Paul Coche termina valeureusement sur le podium des poids moyens et la Corée du Nord se fit remarquer pour la première fois (en judo). Comme la défaite était interdite pour le pays natal, on ne revit plus jamais Ishibashi dans une compétition internationale – puni à coups de ceinture, enfermé dans un temple, que sais-je ? La plupart des champions japonais sont célèbres pour avoir gagné. Deux le sont pour avoir perdu : Akio Kaminaga contre Anton Geesink à Tokyo 1964 ; et Michinori Ishibashi contre Jean-Luc Rougé en 1975.

Au milieu des années soixante-dix, on introduisit pour les compétitions une « sur-ceinture », une blanche ou une rouge à nouer par-dessus la noire afin que les caméras de télévision puissent mieux distinguer les combattants et que les arbitres les identifient d'un drapeau blanc ou rouge à lever au moment de la décision. Elle était attribuée par la logique des tableaux et le cas échéant tirée au sort. Superstitieux, Rougé préférait la ceinture rouge, hélas il hérita de la blanche pour la finale. « Mais vous l'avez quand même emporté ! lui fit-on remarquer à sa sortie du tapis. – Avec la rouge, j'aurais gagné par ippon », rigola-t-il.

1975, c'est l'année où je décidai que je ne succéderais pas à Eddy Merckx. Depuis longtemps, le cyclisme était ma deuxième passion. Je voulais mener la vie d'un coureur, être sur les routes enneigées de Paris-Nice en mars et terminer la saison en Lombardie en octobre. Je rêvais de boucler un Tour de France, retirer mon dossard le matin, répondre aux interviews, signer la feuille de route. Courir les classiques flandriennes, grimper les interminables cols espagnols, visiter le monde assis sur ma selle en moulinant à l'intérieur d'un peloton. Sur mon Jolivet orange et plus tard sur un Mercier rouge, freins Mafac et trois tubes Reynolds (je rêvais des cycles Merckx mais ils n'étaient pas en vente – aujourd'hui j'en ai quatre, achetés d'occasion sur le Net), je roulais beaucoup, en général le dimanche, parfois en groupe avec des cyclos de Saint-Fons, le plus souvent seul. J'enchaînais les longues distances, n'hésitant pas à relier les quatre-vingt-dix kilomètres séparant les Minguettes de Chougnes.

Coureur cycliste mais à une condition : être Eddy Merckx ou rien, comme Victor Hugo avec Chateaubriand. Eddy était mon héros, son panache embellissait ma vie. Ses attaques soudaines, sa « course en tête », ses sprints où il jaillissait sur la ligne quand on ne l'attendait pas : il n'était jamais décevant. Même ses défaites, qu'il avait toujours tragiques et démesurées, frisaient le mythe. Il courait tout le temps et je lisais *L'Équipe* quotidiennement. Le numéro spécial de *Miroir du cyclisme* publié à la suite de son héroïque record de l'heure à Mexico, les biographies de Jacques Augendre et de Marc Jeuniau que je trouvais en solde dans les sous-sols de l'une des librairies de la ZUP (il n'y a aujourd'hui plus une seule librairie aux Minguettes et même pas dans le centre historique de Vénissieux) le montraient en photo avec

Pelé, nous racontaient sa vie de coureur, ses carnets d'entraînement, sa manie de bichonner ses vélos, ses rapports à l'Italie où il menait l'équipe Faema (des machines à café) puis Molteni (des salamis).

Même Michel Audiard – que Gabin surnommait « le petit cycliste » – écrivait sur lui, pour venger par les mots son injuste défaite aux championnats du monde de Gap, en 1972 – je trouvais super qu'un type du cinéma s'intéresse à lui, mais j'ignorais que c'était une grande tradition littéraire américaine de voir des écrivains s'intéresser au sport. Je savais le nom de ses coéquipiers comme aujourd'hui je connais chaque membre du E Street Band, agents, managers, mixeurs compris. C'était un géant, Merckx : 625 victoires, 525 sur route, 98 sur la piste et 2 en cyclo-cross. Jamais content, toujours bougon, le sourire rare et la faim insatiable. Encore récemment, Walter Godefroot, l'un de ses conscrits, un sprinter au corps massif et aux yeux bleus perçants, disait de lui : « Plutôt que d'être content d'avoir gagné 525 courses, c'est le type qui déplore d'en avoir perdu 1 275. »

En 1975, Eddy fit un beau printemps de classiques avec un Paris-Roubaix perdu de justesse au sprint mais qu'il avait dominé outrageusement dans la poussière entre les chutes et les crevaisons. Jamais ma passion pour lui n'avait autant occupé mes pensées. Pourtant, ce fut en 1975 que le judo s'imposa définitivement à moi. Pendant l'hiver, je gagnai très facilement le championnat du Rhône, puis celui du Lyonnais, me qualifiant pour les championnats de France. Le milieu du judo devenait le mien, j'étais le roi de mon club et je ne me lassais pas d'enchaîner les randoris avec des camarades d'entraînement, des rivaux, des concurrents, des lourds, des légers, des débutants, des gradés. J'y mettais la forme et ma recherche permanente de l'ippon, du geste juste, et la façon dont j'avais obtenu mes résultats en compétition avaient fait de moi une petite vedette. Je devenais, je crois, un bon judoka.

Du 9 au 11 mai 1975, Lyon accueillit les championnats d'Europe seniors. Toute l'équipe de France était là. Je passai les trois jours dans les travées du palais des sports de Gerland, m'approchant des compétiteurs et des entraîneurs venus de tout le continent. Jean-Jacques Mounier, éditorialiste à *France Judo* et jeune retraité des tatamis (il était monté sur le podium à Munich) allait et venait, il connaissait tout le monde. J'adorais la fréquentation de mes aînés. À cet âge, on a besoin de regarder vers le haut. J'admirais Pierrot Blanc, le compagnon de Raymond Redon au Japon, un poids lourd qui avait une allure folle et qui, un jour où je me blessai gravement, s'était empressé de me dire : « Remets-toi vite, l'équipe du département compte sur toi » – et ça compta, d'entendre ça ; Romain Pacalier, le patron du Judo Club du Rhône, le plus grand dojo de Lyon qui envoyait Lionel Valette (sur sa ceinture était brodé : *Lyonel*), Didier Bonnardel (le garagiste étrangleur), Jean-Marc Joubert (le beau gosse du centre-ville) et Régis Gallavardin (le rouquin efflanqué) rafler tous les titres possibles – en bande, ces gars-là étaient une fougue organisée, imbattable chez elle ; Michel Charrier, qui travaillait le matin aux égouts de Lyon – il y avait là-bas beaucoup de judokas qui se recrutaient les uns les autres – et qui, sa retraite de combattant approchant, devenait avec son partenaire attitré l'Italien de Gerland René Nazaret expert en katas rares comme le *goshin-jitsu* que personne ne pratiquait à l'époque ; Loulou Garcia-Véro, un gitan de Saint-Fons à peine plus âgé que moi mais qui m'appelait « fiston » – il faisait les marchés avec son père, il arrivait épuisé le soir sur le tapis. J'en citerais bien d'autres, mais ce *name dropping* régional ne dirait rien à personne.

Nos anciens ne s'entraînaient plus, ils étaient là en observateurs, arrêtant un randori pour en rappeler l'esprit, évoquer un enchaînement et exiger qu'on n'abuse pas du jigotaï, la position défensive, qu'on ne combatte pas les bras tendus, ce qui donnait l'illusion de la force et empêchait qu'on réfléchisse à d'autres solutions. Je pourrais me livrer à un long éloge de mes maîtres et décrire pendant des pages ce peuple de l'ombre du judo français. Le goût m'est resté : ma passion pour les vieux cinéastes, ce qu'ils ont légué, ce qu'il ne faut pas oublier d'eux, ce que leur histoire nous enseigne, vient de là.

À Lyon, ce mois de mai, je regardais, fasciné, nos champions, Patrick Vial, Jean-Paul Coche, et Jean-Luc Rougé qui devenait la grande vedette du judo français. Juste avant la finale des – 93 kilos, qu'il allait perdre (et c'est peut-être grâce à cette défaite qu'il gagna à Vienne quelques mois plus tard), je le guettai dans un couloir du sous-sol où il se concentrait. À ma grande surprise, il ne rejeta pas mes questions, portant au jeune combattant que j'étais une attention qui compta autant pour moi que celle qu'eurent, plus tard, Joseph Mankiewicz ou Claude Sautet.

1975 fut aussi la véritable rencontre avec mon nouveau professeur. J'aurais pu abandonner la partie à mon arrivée à Vénissieux mais le judo n'était pas qu'un feu de paille. Si M. Verdino prit soin de mon enfance de judoka, maître Redon veilla sur tout le reste.

En juin, « Raymond » – il m'autorisa vite à l'appeler ainsi et à le tutoyer – me proposa un stage d'oxygénation en montagne. Mes parents acceptèrent. C'était l'année du BEPC, je pouvais m'éclipser avant la fin de l'année scolaire. Le monde extérieur se résumait à l'école et au sport, et ce dernier le rendait plus grand. La course du *Dauphiné* s'était achevée sur une neige tardive si abondante qu'un bulldozer avait dû dégager le sommet du Galibier pour que les coureurs puissent se faufiler.

Pour rejoindre notre destination, on passait dans ces coins-là, direction Briançon par La Grave et le col du Lautaret – j'étais en territoire familier. Le séjour allait se dérouler dans une vieille maison de pierre du pays d'Embrun, un peu plus au sud. La première année, car j'y retournerai souvent, Gilles Orenès, un très bon poids lourd, fit partie du projet. Et si Raymond nous demanda d'emporter notre kimono, il fut vite évident que ce que nous ferions serait d'une autre nature. Un stage de nature, justement, dans la nature : randonnées, footings, bonnes bouffes, déconnades. Une pédagogie de montagne.

À l'origine, rien ne devait conduire Raymond Redon à s'occuper de jeunes élèves. Naissance en 1940 dans les Hautes-Alpes, parents fermiers à Saint-André-d'Embrun, un petit village situé au-dessus du lac de Serre-Ponçon. Aîné de neuf frères et sœurs, il ne peut faire d'études. Une vie d'ouvrier meunier lui est garantie au Moulin Céard dans la minoterie du Pont-Neuf, dont les meules utilisent les eaux du torrent qui descend du massif du Parpaillon pour se jeter dans la Durance, une rivière à « l'eau violente, musclée, bondissante », écrira Jean Giono, un voisin plus au sud. Raymond se lève aux aurores et jusqu'à l'épuisement transporte sur son dos des balles de blé de cent kilos – sa colonne vertébrale en conserve les stigmates. Il se demande si ça durera toujours, cette vie de labeur. Il regarde autour de lui, se fait des envies d'ailleurs. Le sien viendra du judo : à quinze ans, sa corpulence et une force peu commune séduisent les dirigeants locaux qui lui offrent son premier kimono. Il lui faut marcher dix kilomètres pour rejoindre le club de Gervais-Cormier, un de ces vétérans du judo « provincial ». À l'époque, pas de vrais tatamis : une bâche posée sur une étendue de sciure faisait l'affaire.

Deux ans plus tard, son père meurt d'un coup de fusil lors d'une chasse au chamois, le sport local. Le curé et les copains ne lui sont d'aucun secours. Il quitte son pays natal. Il ne reverra pas de sitôt ses sentiers familiers, le pic de Crévoux et ses blocs rocheux, ce ciel d'orage qui faisait frémir le danger, et le givre d'octobre qui annonçait l'hiver et la saison des chevreuils. Il embarque à bord du cuirassé *Richelieu*, une fierté de la Marine nationale. À Brest, il passe ses permis de conduire, voiture, moto, utilitaire, tracteur, engins divers, et se retrouve à Casablanca où il passe sa ceinture marron. Devenu chauffeur, il conduit le pacha du *Colbert* et le capitaine de corvette François Langlet, dont on dit qu'avec Pierre Guillaume il inspira à Pierre Schoendoerffer le personnage du *Crabe-tambour*. Le 29 février 1960 à 23 h 40, Agadir, un tremblement de terre de quelques secondes provoque la mort de quinze mille personnes. Raymond Redon se joint aux secours – cela lui vaudra quelques médailles. Il rencontre Régine. L'idée que la vie peut être merveilleuse s'approche et, après trois années d'armée, ils se rapatrient à Saint-Fons, Lyon, banlieue sud.

Raymond est en bas de l'échelle : garçon laitier. Le goût des autres lui vient de là, de ces visites matinales qui le voient côtoyer la population. Il a repris le judo au Judo Club de Gerland, chez le « Coq » Valente, figure mythique du judo lyonnais. Il obtient sa ceinture noire en 1962, à coups de *sode-tsuri-komi-goshi*, son spécial, qu'il pratique en cercle avec garde inversée – je ne détaille pas.

On lui propose de devenir gardien du stade : fonctionnaire municipal, salaire correct, logement de fonction et un milieu sportif qui est celui qu'il aime le plus. En 1966, il fonde le Judo Club de Saint-Fons, au culot. L'école des cadres lui décerne officiellement son diplôme en 1968. J'y arrive en 1973, j'en deviendrai l'un des professeurs pendant les années quatre-vingt.

Raymond était heureux. Il avait formé deux élèves prometteurs qu'il emmenait sur ses terres. Il venait juste de louer cette petite maison et se sentait comme un enfant de retour au pays. Dans un afflux de paroles, il nous fit visiter les lieux et désigna nos lits de fortune : spartiates, on aurait été mieux logés au quartier Général-Frère à Lyon que les copains assignés aux trois jours militaires nous décrivaient comme le pire de la fin de la jeunesse. Nous ne fûmes pas déstabilisés longtemps, tout ce que le maître voulait, le maître avait, notre présence, notre adhésion, notre respect.

Avec Raymond, nous n'avions que vingt ans d'écart, et si je n'ai jamais été très porté sur les considérations d'âge, ses trente-cinq printemps l'envoyaient évidemment chez les patriarches – ce n'était pourtant rien, trente-cinq balais. À notre arrivée, il commença par nous faire quelques recommandations pédagogiques solennelles : « Vous êtes des compétiteurs, je suis responsable de vous, vos parents me font confiance, etc. », tout ça pour nous envoyer coucher tôt et mieux passer la nuit dehors – c'était un chat sauvage. Nous l'entendions rentrer, essayant sans succès de ne pas faire de bruit. Au petit matin, il n'en laissait rien paraître : premier levé, il était déjà entouré par quelques compagnons de chasse venus retrouver leur ami d'enfance. Ils avaient devant un café fumant des conversations retentissantes et ne cessaient de jouer à la mourre, ce jeu de mains, de doigts et de hasard dont mon copain Laurent m'apprendra plus tard la variante italienne de la vallée de la Maurienne. Certains jours, d'autres hommes, habits d'agriculteurs, bleus d'usine, trognes pas possibles et accents inimitables, se joignaient à nous, des paysans avec lesquels Raymond parlait un patois drolatique, faisant des allusions sexuelles qui échappaient à l'adolescent que j'étais, blagues et œillades comprises.

Je m'en fichais, j'étais l'élève préféré. J'adorais cette gaieté, je brandissais tous les sujets qui me passaient par la tête, je voulais plaire à Raymond, lui montrer que, moi aussi, d'une autre vallée, j'étais le roi de la montagne. Il n'y a pas un judoka qui n'ait pas eu une histoire forte avec son entraîneur, pas un athlète dont la carrière ne soit pas due *aussi* à un éducateur : Muhammad Ali et Angelo Dundee, Christine Caron et Suzanne Berlioux, Mireille Mathieu et Johnny Stark. À la fin de ses combats, Teddy Riner se précipite d'abord vers le bord du tapis où l'attend Franck Chambily, un ex-poids léger qu'il pourrait soulever d'un bras, devenu coach impitoyable. Leurs étreintes disent tout ce qu'ils endurent ensemble et qui reste entre eux.

J'avais apporté quelques livres – hors le sport, je ne faisais que lire – que je n'ouvris pas. Mieux valait aller toucher les dernières neiges que de bouquiner. Raymond nous préparait chaque jour un menu de sportifs, mais à la mode Gabin, Blier et Ventura : jambon, pâtes, viande, pommes de terre et gâteaux à profusion – pas une goutte d'alcool, évidemment. « L'hiver a été long, il doit y avoir plein de morilles », nous avait-il prévenus en nous décrivant ce qui nous attendait : des sprints dans les forêts. « Le ramassage des champignons dans les bois de montagne, tentait-il de se justifier, c'est bon pour les quadriceps et ça renforce les appuis ! » On était loin du judo. On oubliait les randoris, les katas, les compétitions. Chaque matin, après une nuit à entendre les blaireaux circuler autour de la maison, le programme s'ouvrait par une longue excursion. La plus grandiose fut celle de la Croix, par le col de la Tourache. Raymond avait avec ce lieu un rapport particulier : son père y était mort. La redescente était épique, on court et premier arrivé en bas. Le soir, on s'écroulait de fatigue, à l'abri de tout souci.

Un jour que je lui fis remarquer la singularité de son rapport au monde (enfin, je ne l'ai pas formulé comme ça : j'avais quinze ans), Raymond me répondit : « On n'est pas que crétins, dans les Alpes ! » (Lui me le dit comme ça.) Il avait le même âge que mes parents, dont il demandait toujours des nouvelles, mais il n'a jamais joué au père de substitution ni à l'oncle protecteur. Il était différent : un ami, un maître, comme la chanson de Lama que nous écoutions en boucle sur des cassettes audio qui déroulaient inopinément leurs rubans marron en déraillant dans l'autoradio et qu'il fallait rembobiner avec le doigt. Il nous trimballait dans une BMW 2002 rouge clinquant dont il était fier – pas besoin de raconter ce que conduire une telle bagnole disait de son propriétaire, surtout en banlieue. Raymond était toujours fauché, toujours endetté, mais il vivait en seigneur.

Aucun col, aucun lacet, aucune piste de montagne n'échappait à son désir de nous montrer où il avait grandi, les endroits où les chamois apparaissaient, où les aigles volaient. Parfois, cabrant la voiture sur le côté, il s'arrêtait inexplicablement au bord d'une allée : il avait vu un nid et voulait grimper dans l'arbre pour l'observer de plus près. Il jouait, il chassait, pire, il braconnait. Le soir, il nous montrait sa collection de fusils. Et ce qu'il n'avait pas tiré ou qu'il avait raté, il le racontait. « On est chasseur ou non », nous affirmait-il, retrouvant l'accent du Sud. Je ne l'étais pas, ni mon père (ça se transmet, paraît-il), et ne le suis jamais devenu. Mais la façon qu'avait Raymond d'en dire sa pratique et sa vérité, comme de comprendre qu'on puisse s'y opposer, rendait la chose honorable. Je ne voulais pas en apprendre davantage : j'ai toujours aimé les non-repentis. Les ex-fumeurs sont plus intolérants à la cigarette que ceux qui n'ont jamais tiré une taffe, un peu comme les ex-communistes qui ne peuvent plus entendre une seule note de *L'Internationale*, alors que ça reste bien, *L'Internationale*, dans le contexte.

À ce sujet, quoique j'aie pu m'en défendre plus haut, je m'aperçus cet été-là que la politique occupait mes pensées. Je craignais que Raymond ne fût un de ces « gros réacs » dont les déclarations à l'emporte-pièce étaient courantes dans le sport. Pas du tout. Il était habité par l'humilité des gens d'avant, de ceux de la campagne et des faubourgs.

Le judo lui avait permis d'échapper à l'existence à laquelle il était destiné. Nous vivions dans une zone sud où se côtoyaient des sensibilités politiques cristallisées autour du couple Giscard-Chirac et du Programme commun de la gauche, mais il s'en tenait à une certaine réserve. Ça me convenait, cette capacité à ne mépriser personne, et ça ne contredisait pas ses devoirs d'enseignant.

Il fallait bien que la parenthèse enchantée se referme, et nous rentrâmes à Lyon dans la « Béhème » en écoutant Joe Dassin et Jeane Manson, genoux écorchés par les courses dans les ronces et les hautes herbes. Le 20 décembre 1975, Raymond me décerna la ceinture marron. Rien ne nous a plus jamais séparés. Bien après que j'ai quitté le club, nous nous sommes beaucoup retrouvés à Saint-André-d'Embrun et souvent du côté de la Croix. Jamais un mot plus haut que l'autre n'est venu ternir nos conversations. À la fin, après le judo, il devint éducateur spécialisé pour s'occuper de jeunes délinquants : « Des bons, du genre qu'on occupait en journée et qui rentraient en prison le soir. » La retraite approchant, et le 6e dan acquis, Raymond s'endetta pour construire une immense maison avec vue sur lac. Contraint de la revendre, il préféra se replier vers une bâtisse plus modeste et plus conforme à la vie qu'il voulait mener : un jardin potager, la chasse, les balades, les souvenirs. L'argent avait toujours été un combat mais il avait fini par l'emporter : « Du fric, je n'en ai pas mais je n'en dois plus. » À quatre-vingts ans, il est souvent mélancolique mais semble soulagé, sauf pour son dos. À le voir, il me donne envie de faire comme lui et comme mon père : rentrer au pays. Il n'y a pas longtemps, alors que je l'avais au téléphone – depuis Buenos Aires, c'est toujours de loin qu'on pense aux gens –, me revint l'image de cette Croix, ce lieu de pèlerinage, ce drame dont nous n'avions jamais vraiment reparlé. Je l'interrogeai, presque naïvement. Qui avait mis cette croix là-bas ?

« Nous. La famille Redon. Parce que c'est là que mon père est mort. Pour s'en souvenir.

– Ça s'est passé à cet endroit ?

– Presque. On a voulu que la croix soit le plus haut possible. En tout cas, c'est là que j'allais souvent chasser avec lui. J'étais l'aîné, c'est moi qu'il emmenait.

– Et comment est-ce arrivé ?

– C'est ce qu'on appelle un accident de chasse, il y en a toujours eu. C'est tombé sur lui, et sur moi.

– Sur toi ?

– Je ne te l'ai jamais dit mais ça n'est pas tabou : c'est de mon fusil que le coup est parti. C'est pour ça que j'ai quitté ce pays. »

Non, il ne me l'avait jamais dit. Il aura mis du temps. En 1975, c'était trop tôt, j'étais trop jeune, il n'avait pas à le faire, je n'aurais pas pu le comprendre. Des années plus tard, ce fut un choc de l'entendre, avec sa voix qui en tremblait encore.

Quand ce premier séjour se termina, je rejoignis ma grand-mère à Chougnes pour y passer juillet et août. Je voulais devenir vétérinaire de campagne, ceux de Tullins me prenaient avec eux. L'été 1975 marqua comme une fin d'enfance. À la rentrée, j'entrais au lycée de Vénissieux où j'allais rencontrer des copains de toujours. Le 14 juillet, Eddy Merckx passa avec le Tour du côté de Guillestre et du col d'Izoard que Raymond venait de me faire connaître et où les autorités laissèrent les « cyclos » rouler avec une demi-journée d'avance sur le peloton. Sur le bord de la route, du côté d'Arvieux et de Brunissard, je vis Bernard Thévenet s'envoler et mon idole endurer l'hostilité du public français. Eddy Merckx ne remporta pas son sixième Tour de France. Mais, en novembre, Jean-Luc Rougé devint le premier français champion du monde de judo.

20

L'aventure Klein

Dans un livre publié en 1954, on lit à la page 40 : « Uke saisit le judogi de Tori de la manière classique à droite, en avançant d'un grand pas du pied gauche. Tori saisit le judogi d'Uke de la manière classique à droite, en avançant d'un grand pas du pied gauche et en tirant Uke à lui de la main droite. Uke et Tori se déplacent en cercle (toujours départ pied gauche). » Toujours départ pied gauche, donc. Les judokas comprennent, les autres pas sûr, mais on enchaîne : « Tori passe sa jambe droite entre celles d'Uke et le lance en le soulevant à l'aide de sa cuisse droite contre sa cuisse gauche. Uke fait une chute à droite et se relève puis se retourne vers Tori et revient le saisir en position classique à gauche. Tori reste sur place. Uke-Tori refont tous les mouvements précédents à gauche. » Et arrive le final : « Uke-Tori reviennent se placer à distance de quatre mètres, rajustent leurs judogis en se tournant le dos, puis se retournent. »

On aura deviné (ou non) que le mouvement décrit est uchi-mata, le « spécial » de Teddy Riner, celui que Jean-Luc Rougé lançait en cercle, les deux mains au revers afin que l'adversaire n'en devine pas la direction (et que, le cas échéant, il transformait en *harai-goshi*). Dans l'élan, on aura deviné (ou non) que l'exécution précisément décrite est issue du nage-no-kata, troisième mouvement de la troisième série.

Uchi-mata ! D'*uchi* : intérieur ; et *mata* : cuisse, ou plutôt haut de la cuisse, entrejambe. Traduction : « projection par l'intérieur de la cuisse ». Une admirable création de Jigoro Kano, la plus célèbre, la plus énigmatique et la plus belle des prises.

Sans doute ne seriez-vous pas surpris (ou si) si cette description était celle d'Henri Courtine ou de Bernard Pariset, qui signèrent d'innombrables ouvrages sur les katas. Mais vous le serez davantage d'apprendre qu'elle est l'œuvre d'un artiste pour le moins inattendu dans pareil contexte : le peintre Yves Klein, qui publie *Les Fondements du judo* chez Grasset, la même année que Marcel Aymé ses *Quatre vérités* et Paul Morand ses *Chroniques*.

Un plasticien célèbre dissertant sur le judo, il y a de quoi méditer la chose. À l'origine, les écrivains qui se mêlaient de sport n'étaient pas légion mais il y avait Jack London, Dino Buzzati ou Henry de Montherlant. Ils furent suivis par de rares compagnons et plus récemment par Philippe Bordas sur le cyclisme, Olivier Guez ou David Peace sur le foot, Jean Echenoz sur Emil Zatopek, John Irving sur la lutte, Haruki Murakami sur la course à pied, ou encore Joyce Carol Oates, Jacques Henric ou Élie Robert-Nicoud sur la boxe car, en littérature comme en cinéma, l'art noble est le sport roi, quoique lorsque Thomas McGuane écrit sur la pêche à la mouche ou Jérôme Charyn sur le ping-pong, on peut lâcher un temps *La Brûlure des cordes* de F.X. Toole ou le *Night Train* de Nick Toshes.

Sur le judo, hélas, rien, aucune référence partagée, aucune passion collective, pas de mythologie au-delà des tatamis, de *I Will Survive* chanté en chœur sur les Champs-Élysées ou d'une « *mano de Dios* » improvisée au coup de sifflet final devant les caméras du monde entier qui avaient bien filmé la main de Maradona puisque, justement, les caméras du monde entier étaient présentes pour filmer cet Argentine-Angleterre que le Pibe de Oro aura transformé en légende. On dira plutôt avec Charyn que ping-pong et judo cultivent avec conviction un certain art de l'anonymat. Et le judo plus encore : si l'écrivain new-yorkais peut, dans *Ping-Pong*, évoquer Georges Moustaki et l'estimable revers lifté qu'il pratiquait dans son club de l'US Métro, il est impossible aux judokas de clamer que Vladimir Poutine connaît parfaitement les subtilités du *taï-sabaki* sans s'attirer quelques quolibets.

Il n'empêche : si les autres sports ont quelques beaux ambassadeurs, en judo, on a Yves Klein, créateur du monochrome, cadet de Marcel Duchamp, aîné d'Andy Warhol. D'un geste fulgurant comme le fut sa courte vie, un homme envoie un art martial confidentiel dans son propre ciel et le mêle au nouvel azur qu'il s'apprête à créer : « son » bleu. Trésor longtemps enfoui, inconnu, disparu même, *Les Fondements du judo* est la mémoire des temps d'avant écrite pour les temps d'après. Un ouvrage de spécialiste de surcroît : Klein aurait pu apposer son nom sur la couverture et s'en tenir quitte. Sauf que, loin des rodomontades d'Hemingway qui faisait de la boxe par procuration dans les bars de Ménilmontant, Yves Klein était *vraiment* judoka, fier de sa signature : « Yves Klein, quatrième dan du Kodokan ».

Un écrivain écrit, c'est son destin d'écrivain, même quand c'est sur le sport, mais comment un peintre en vient-il à publier sur le judo ? En étant judoka. Et celui-là, le trublion indiscipliné de l'avant-garde, l'homme de l'immatériel qui disait : « Avec le vide, les pleins pouvoirs ! » l'a fait parce que le judo fut, avec l'art, l'affaire de sa vie.

Enfant de la mer bleue, Klein est né en 1928 à Nice. Fils d'artistes, mère et père, il le sera aussi. Mais pas tout de suite : il y a le judo, qu'il commence à l'été 1947, au club du quartier général de la police. Il ne sait pas que son passage sur terre sera bref, ça n'est pas la raison pour laquelle tout ira vite. Il va vite, c'est tout. Coup de foudre pour un sport rigoureux, il déteste la discipline, ça tombe mal, mais une route qui commence avec deux copains, ça tombe bien, il adore l'amitié. Jeunes chiens fous, ils se répartissent l'univers : Armand Fernandez (le futur Arman) prend la terre, Claude Pascal prend l'air et Yves Klein choisit le ciel. Un ciel qu'il voit très bleu et sans rien dessus pour en assombrir l'éclat, pas même un oiseau. Surtout pas un oiseau. Bleu, bleu. Il écrit : « Je me mis à éprouver de la haine pour les oiseaux qui volaient de-ci, de-là, dans mon beau ciel bleu sans nuages, parce qu'ils essayaient de faire des trous dans la plus belle et la plus grande de mes œuvres. »

Sa vie d'artiste débute sur la Côte d'Azur par ce par quoi elle sera toujours emplie : des monochromes et des murs peints imprégnés de traces de mains et de pieds. Il désire explorer le saisissement du monde par le rien, comme cette *Symphonie Monoton-Silence*, qu'il crée quand il a vingt ans. Une vidéo existe, tournée en 1960. La signature « Yves Klein » ouvre le film. À la première image, l'artiste arrive de la droite, s'installe devant un monochrome. Il est en smoking et nœud pap. On entend comme une répétition d'orchestre. Cadré en plan américain, il met fin aux essais et lance une dizaine de musiciens qui jouent une seule note (un *ré* majeur). On les découvre dans un travelling arrière alors que Klein marche vers eux et, pendant que résonnent les instruments à cordes, il se tourne vers la deuxième partie de la pièce. La caméra panote vers trois femmes nues, le corps enduit de peinture bleue. En se roulant sur le sol recouvert de larges feuilles de papier, elles se transforment en pinceaux humains, imprimant la toile de leurs jambes, leurs bras, leurs fesses, leurs seins. Cette merveille, qu'on aurait du mal à envisager aujourd'hui en raison de ce qu'on considérera d'abord comme de l'exploitation du corps féminin – il y eut quelques protestations, mais de nature conservatrice et esthétique –, a été imaginée à la fin des années quarante et réalisée au début des années soixante, bornant l'existence publique de Klein d'un double geste définitif.

Après avoir vu son travail, lu quantité de trucs, je désirais aller plus loin : l'histoire de Klein est une énigme, presque une œuvre en soi. En 1950-1951, il passe sa ceinture marron, décide d'aller en Asie, de prendre des leçons de japonais aux Langues O'. En août 1952, après avoir fréquenté les lettristes à Paris et assisté à la première du film de Guy Debord, *Hurlements en faveur de Sade* (qui est à sa façon un monochrome cinématographique), il embarque sur *La Marseillaise* pour rejoindre Yokohama, une épopée à la Jigoro Kano avec escales à Port-Saïd, Djibouti, Colombo, Singapour, Saïgon, Manille, Hong Kong.

Le Japon sera son éblouissement. Kimono sur le dos, il recommence à zéro. La fatigue de l'entraînement d'hiver mêlée à une extrême solitude l'expédie sur des cimes de radicalité. Au risque d'être irréfléchi : « Je pensais, écrit-il en ouverture des *Fondements du judo*, qu'il valait beaucoup mieux défoncer les portes que de perdre son temps à chercher leur clef et de ne pas arriver, faute de calme et de sang-froid, à trouver le trou de leur serrure. » La fréquentation du Kodokan va faire de lui un homme différent : « Il m'a fallu six bons mois de bagarres sensationnelles et déchaînées à côté des sages et savants katas pour m'arrêter un jour, essoufflé, crevé et agacé. »

On trouve sur Internet (www.yvesklein.com/fr/films) le film que Klein tourna à Tokyo en 1953. Son titre : *Scènes de judo, Japon, c. 1953.* On voit d'abord – c'est écrit tel quel sur le carton – le « Randori des étrangers dirigé par Kotani 8e dan, Klein, 2e dan, la France, Palmer 3e dan, l'Angleterre », avec Yves Klein qui enchaîne les projections, en compagnie de l'Anglais qui atteindra le 10e dan sur ses vieux jours. Puis, dans une deuxième partie : « Kata des cinq principes Kyuzo Mifune 10e dan, Seiichi Shirai 8e dan », deux experts réalisent quelques mouvements issus de l'*itsutsu-no-kata*. En une minute et onze secondes de splendeur, le film est la trace en indestructible Celluloïd du grand séjour fondateur. « Je voyais autour de moi, écrira-t-il pour se dédire, des quantités innombrables de clefs qui avaient toutes l'air de vouloir fonctionner et ouvrir sans dommage, ni déploiement de puissance inutile. »

Parmi ces « clefs », il y a celle « que [lui] tendait, en souriant doucement, un de ces vieux maîtres du Kodokan » : les katas, qu'il va réapprendre. J'ai évoqué les katas, leur sens, leur naissance, la façon dont Jigoro Kano a voulu que l'expertise technique qu'ils requièrent vienne s'assembler au randori et au shiai (combat de compétition : victoire ou défaite) pour qu'un judoka soit un praticien complet. Preuve de l'attachement de Klein au pacte du judo, son livre est un guide d'apprentissage : le nage-no-kata, bien sûr, mais les autres : *kime-no-kata*, *katame-no-kata* et surtout *ju-no-kata* – ce dernier sera longtemps considéré comme le « kata des femmes », c'était l'un des plus purs, des plus difficiles, l'un des préférés de Jigoro Kano aussi.

Quelque chose saute aux yeux : la chorégraphie spécifique des katas, les conventions qu'elle exige, le principe de répétition et de série, la beauté du cérémonial, tout ça n'est pas sans lien avec les installations de Klein. Le Japon sera l'une de ses matrices et opérera dans son travail ce que le judo lui a appris : des *démonstrations*. Le « geste Klein », quand il se jette du deuxième étage du mur d'enceinte de sa maison de Fontenay-aux-Roses pour *Le Saut dans le vide*, qu'il réalisa en 1960, c'est ce mélange de retenue et d'intrépidité appris là-bas : « Pour peindre l'espace, je dois me rendre dans l'espace », assume-t-il avec malice. Le lien entre son séjour au Japon pour le judo et sa pratique de plasticien apparaît pleinement dans ses mises en scène – sa correspondance le prouve. Il est l'enfant qui recommence les chutes à l'infini, les risques plus nombreux à chaque fois.

En décembre 1953, il rentre à Paris. Séjour inoubliable, aujourd'hui un bar de Tokyo porte son nom, le « Café Klein Blue ». Il a trouvé ce qu'il cherchait, il y a vu un secret, comme la poétesse russe Anna Akhmatova, quelques années plus tôt :

Tes yeux de lynx, Asie
Ont en moi décelé quelque chose
Ont défié la part enfouie
Née du silence.

Klein quitte le Japon par la mer et débarque à Marseille début février 1954. Il a vingt-cinq ans. La fédération française ne reconnaît pas ses diplômes japonais. Qu'importe, il part enseigner en Espagne, écrire à Madrid, exposer dans des galeries. Il se fâche avec tout le monde, revient, finit d'écrire. En décembre, Grasset publie *Les Fondements du judo*.

Ce même mois, on lit : « Ne pouvant participer aux championnats d'Europe à Bruxelles, il y assiste en spectateur. » Pas clair, ce « ne pouvant ». Klein était-il seulement sélectionné en équipe de France ? Quel était son vrai niveau ?

Réglons ça. En katas, Klein est très bon. Les vieux maîtres n'accueillaient pas n'importe quel gaijin : ils l'ont adoubé, lui attribuant, a-t-il dit, le « 4e dan du Kodokan ». Sur le plan technique, Klein est un judoka parfait. Le film le montre en train d'enchaîner avec aisance les harai-goshis à droite et les morote-seoi-nage à gauche et, des quatre combattants du film, il est celui qui a le plus de style.

Mais avoir sa photo en couverture de *Science et Vie* en mai 1956 pour un article sur le judo français, réussir une démonstration ou remonter une ligne d'adversaires en claquant les ippons ne garantit pas l'athlète d'exception – on l'a tous fait à un moment ou à un autre de notre carrière. Tout ça n'a rien à voir avec la vérité d'une compétition. Comme ce « 4e dan du Kodokan » dont aucune preuve n'existe, dit l'historien Yves Cadot. Les champions de cette époque sont connus, en particulier Henri Courtine, cité plus haut, né deux ans après le peintre et qui truste alors les titres sur les tapis de France et d'Europe. Pas Klein. Choix, contrainte, manque de talent ou absence d'entraînement : il n'a pas emprunté la voie de la compétition. Il n'a pas été « champion de judo ».

Sa trace dans l'histoire est ailleurs et elle n'est pas mince. Yves Klein possède avec Jigoro Kano le génie des devanciers : le premier a créé le judo, l'autre l'art contemporain, *l'acte* contemporain. Klein, geste suprême pour un peintre, possède sa propre couleur : l'IKB, l'International Klein Blue, un mélange de bleu outremer chimique, d'une résine synthétique et de solvants alcooliques. Le secret de cette matière picturale, uniforme sans l'être tout à fait et que personne n'a jamais pu élucider, est déposé le 19 mai 1960. Dans l'obsédante beauté du pigment et la propre affirmation des convictions de l'artiste, Klein avait procédé trois ans plus tôt à un lâcher de mille un ballons bleus baptisé *Sculpture aérostatique*. Le geste était le même : la forme (l'acte) fait le fond (l'émotion). Même son mariage avec l'artiste Rotraut Uecker, en janvier 1962, sera conçu comme une performance avec réception à La Coupole et obligation pour chaque invité de boire un cocktail bleu !

Le bonheur conjugal sera total pour les jeunes mariés mais ils ne resteront unis que quelques mois. On dit que la mort qu'on sent approcher oblige à une vie plus intense. Pas dans le cas de Klein qui ne se savait pas guetté. Elle s'avance au Festival de Cannes qui lui inflige une irréparable meurtrissure : dans *Mondo Cane*, un documentaire italien aligné en compétition, les réalisateurs italiens Paolo Cavara et Gualtiero Jacopetti, devant les caméras desquels il avait accepté de *performer* ses « Anthropométries », l'associent à l'art *trash* d'un ton moqueur. Il est un enfant du pays, il a voulu assister à la projection. La conscience de sa propre naïveté l'envahit, comme le sentiment qu'on ne l'a pas respecté. Dans la soirée, il a une crise cardiaque. Trois jours plus tard, revenu à

Paris, son cœur le lâche à nouveau. Il se rétablit, visite une exposition collective à laquelle il participe en compagnie de Tinguely, César, Arman ou Niki de Saint-Phalle. Il est fatigué. « Je vais entrer dans le plus grand atelier du monde, dit-il. Et je n'y ferai que des œuvres immatérielles. » Le 6 juin 1962, à 18 heures, il meurt d'une ultime attaque.

J'ignorais tout de Klein avant de tomber sur sa photo en judoka sur l'affiche d'une exposition qui avait lieu à Florence, que je visitais pour un festival de cinéma français. Ça m'avait sidéré : on pouvait être intellectuel et judoka. J'avais enquêté, non sans difficulté, les musées faisaient peu mention de sa double origine. Dans nos milieux, on ne parlait jamais d'Yves Klein. Encore aujourd'hui, il n'est pas mentionné sur le site de la Fédération internationale de judo. Les instances de la fédération, longtemps dirigée par Charles Palmer, son compagnon de *kangeiko* qui figure dans le petit film du Kodokan, seraient bien inspirées de prendre la seule décision qui vaille : que le bleu de la ceinture bleue (d'enfant) et du kimono bleu (de combattant) soit le bleu de Klein.

Je termine avec Agnès Varda qui, en 2004, évoqua Klein lors d'une commande du musée national d'Art moderne. Au sujet d'*Anthropométrie de l'époque bleue*, le tableau avec les « femmes-pinceaux », Varda, qui parlait simplement des choses, évoque un projet qui « renoue avec des mœurs très anciennes, bien avant la civilisation, dans les cavernes ». Elle dit qu'ainsi la peinture redevient un acte charnel et naturel. « Yves le monochrome », comme il se désignait lui-même, ne transgressait pas le théâtre du monde, il l'habitait d'une présence irréductible. « J'ai la conviction intime, écrivait-il en 1961, qu'il existe dans l'essence même du mauvais goût une force capable de créer des choses qui sont situées bien au-delà de ce que l'on appelle traditionnellement l'"œuvre d'art". »

Les vapeurs de peinture qu'il inhalait à haute dose auraient-elles eu raison d'un corps qui résistait à d'exténuants randoris ? On ne saura jamais. Agnès Varda, encore : « Il est mort jeune, évidemment, ça en fait un héros. » Que vous soyez dans le judo ou dans les arts plastiques, vous ne penserez plus à Yves Klein de la même manière – déjà, vous n'y pensiez pas assez, j'en suis sûr. Les judokas qui iront au Centre Pompidou lui rendre visite seront émus par ce qu'il aura accompli, comète inatteignable dans la galaxie des arts qui n'aura jamais renié le jeune combattant qu'il fut, kimono sur le dos. Les autres, plus nombreux, voudront peut-être en savoir plus sur ce judo qui l'aura construit. Je parlerai d'Yves Klein aux vœux de la fédération. Je pourrai confesser que, lorsque je me lamente de n'avoir pas atteint les hauts grades que je visais dans ma jeunesse, je me console en pensant à lui : « Je suis 4e dan. Comme Yves Klein. »

21
Ceinture noire

Ce jour-là ne fut pas un jour comme les autres, mais les jours de judo ne furent jamais des jours comme les autres. C'était l'hiver 1977, il faisait un froid de chien. La nuit était calme, sensation familière après l'entraînement. Sur le tapis, ce fut sauvage, avec deux heures ininterrompues d'uchi-komis, de chutes et de randoris. Les championnats avaient bien démarré, on avait gagné quelques compétitions, le Judo Club de Saint-Fons tournait comme une horloge. Quelques jours plus tôt, nous avions, avec Gilles Orenès, réussi nos examens du 1er dan, premier grade de la ceinture noire. Alors que du monde arrivait du dehors et que les élèves se rassemblaient en cercle pour le salut final, le maître nous appela tous les deux au centre du tatami et nous fit mettre à genoux. Dans un silence de cathédrale, il nous demanda d'ôter notre ceinture marron. Je la laissai glisser sur le sol sans un regard, comme un tissu d'enfance dont on se débarrasse. Raymond Redon, qui arrivait de son deuxième séjour au Japon où il avait participé au kangeiko de l'université de Tenri, avait rapporté deux « noires ». Il prononça quelques mots, dit sa fierté de nous avoir comme élèves et mentionna ceux qu'il avait emmenés jusqu'au grade suprême. Puis il nous tendit notre bien. Noir intense, brodé de beaux idéogrammes jaunes, mon nom d'un côté, « Judo Kodokan » de l'autre. La ceinture était si neuve que sa rigidité empêchait d'obtenir la boucle parfaite qu'en de telles circonstances il fallait arborer – au lieu de cela, je me suis retrouvé devant tout le monde à faire un nœud en trompette. J'avais hâte de la porter, de l'amadouer, d'obtenir ce vieillissement ridé qui fait la marque des combattants aguerris – la Fender Telecaster de Keith Richards en somme.

La ceinture, non seulement comme grade mais comme ustensile, fait partie du kimono. Sans elle, il bâille, il nous débraille. Avec une ceinture noire, véritable objet d'art (cousue, piquée, épaisse, large), on se sent beau comme l'astre qu'on pense être devenu. Pour obtenir le 1er dan, vous devez faire la preuve de vos qualités de combattant, en disputant des shiai, et de vos qualités de technicien, en exécutant le nage-no-kata devant un jury. Le nage-no est la quintessence du judo debout. Il comporte cinq séries de trois mouvements exécutés à droite puis à gauche. La première expose les techniques de bras, la deuxième de hanches et la troisième de jambes. Il y a en plus deux séries de mouvements de sacrifice, les *sutemis*, cette façon sophistiquée de se jeter au sol pour mieux propulser l'adversaire par-dessus son propre corps – les « planchettes japonaises ». L'ensemble se déroule selon un cérémonial défini avec exactitude, rhabillage du kimono compris, en mode *Duel au soleil*, dans un savant jeu de rôle entre tori et uke, qui symbolise l'harmonie entre le « savoir projeter » et le « savoir chuter ».

Une fois trouvé le partenaire idéal, il faut mémoriser, regarder, s'inspirer et, pendant de longues semaines, pratiquer et recommencer sans cesse. Seules les trois premières séries sont requises pour l'obtention du 1er dan. Quand vous êtes prêt, des examinateurs, tous éminents judokas, en jugent la forme et la force. Ils sont là et vous regardent sévèrement, silencieux comme des gardiens de musée. Parce qu'il m'estimait apte à devenir son propre partenaire, Raymond m'apprit le nage-no-kata : « Comme ça, tu auras de l'avance pour tes propres grades », m'avait-il dit. Ainsi, je sus exécuter très tôt les trois katas principaux, un peu comme ces fils de paysans qui conduisent tracteurs et camions dès l'âge de quinze ans dans les champs de maïs.

Deuxième examen : l'aptitude au combat. La ceinture noire dit que vous êtes passé par la compétition. La fédération organisait alors des « passages de grades », qui s'ajoutaient aux championnats et qui scandaient nos saisons. Pour le 1er dan, vous deviez marquer soit 100 points en plusieurs fois, soit

50 points d'un seul coup ; soit gagner 5 combats par ippon – un ippon vaut 10 points. À 47 points, quatre ippons et un *waza-ari*, ça passait aussi. À l'époque, on le faisait à la japonaise : une poule de six combattants, des affrontements resserrés en moins de deux heures. Il fallait remonter tout ça, ne pas se déconcentrer. Pas de simagrées, pas d'arrangement. Une sorte de MMA (Mixed Martial Arts), de baston intégrale, sans la cage et les coups dans la gueule. La première fois que j'ai entendu l'expression « se faire une ligne », c'était là, c'était ça : une ligne de combattants, pas une ligne de coke. La remonter et battre tout le monde. Le matin, vous étiez à peine un peu plus que le novice de vos débuts ; à midi, vous étiez ceinture noire. Et c'était pour toujours.

Le maître nous donna l'accolade et le président Labrune lança les applaudissements. J'avais seize ans. Le plafond du dojo s'ouvrit aux étoiles, le ciel devint plus grand et, quand je remontai à la ZUP par la polyclinique des Minguettes alors qu'éclatait un orage, je me souvins du moment où j'avais rêvé de devenir un bon judoka. J'y étais.

La ceinture noire est le plus célèbre des signes distinctifs des judokas, le plus intègre aussi car jamais acquis autrement qu'au mérite, au talent et à la sueur – un peu comme le prix Nobel de littérature : ça ressemble à une loterie mais ça vient de loin et ça n'est jamais un hasard. Ceinture noire, vous en avez rêvé dès vos premiers pas et vous la porterez pour la vie, autour de la taille et dans votre esprit. Quand ça vous arrive, vous n'êtes plus le même. Vous marchez dans la rue la tête haute, personne ne le remarque, mais quelque chose est là, que vous savez, que vous sentez : vous êtes ceinture noire. Bon, ce premier soir, je croyais tout le pays au courant, mais je voyais bien que ça dormait partout. La ceinture noire est le graal qu'il n'est nul besoin d'évoquer devant les débutants tant elle s'incarne d'emblée comme l'objectif ultime de quiconque endosse un jour un kimono. Elle est une montagne aux vallées secrètes, dont l'accès vous est dévoilé avec parcimonie, en un lent apprentissage fait d'incertitudes et de tourments. Avec cette leçon qui vous est inlassablement rappelée : « Vous ne cesserez jamais de travailler, surtout quand vous penserez en avoir terminé. » Au Japon, tout cela vous a une certaine allure. Ailleurs, on peut trouver ces codes grandioses ou grotesques, considérer ça comme de la noblesse ou du dérisoire. Mais la conscience du dérisoire est déjà le commencement de la noblesse, a sûrement dû écrire Georges Simenon.

Comme élève et comme professeur, j'ai toujours adoré les remises de récompenses, ces réjouissances de tatami qui confinent à des cérémonies quasi liturgiques. D'où me vient une certaine appétence pour tous ces prix qui animent mon métier : des Palmes d'or, des Oscars, des César, des Prix Lumière. Une même joie de *fan* m'envahit quand j'assiste à une cérémonie du festival de San Sebastian ou au Cecil

B. DeMille Award des Golden Globes – en 2007, celui que Warren Beatty reçut des mains d'un Tom Hanks qui le chambra sur ses conquêtes en demandant aux femmes concernées de lever le doigt (et, mises dans la confidence, elles furent deux cents à le faire, simultanément) fut d'une inoubliable drôlerie. Un compliment, un trophée, des remerciements. Il en est qui s'en moquent, mais pas longtemps. Quand vient l'heure des bilans, même les plus réfractaires ont les larmes aux yeux – Warren Beatty compris. On a dit qu'en judo le cérémonial compte plus que tout. Et pourtant, que d'embarras et de gêne infligés à des femmes ou des hommes pétrifiés par l'éloge. Des 6e dan irrésistibles sur un tapis et soudainement empruntés, se rendant plus émouvants encore.

J'ai obtenu ma ceinture noire le 29 janvier 1977. Puis la suite de mes grades les années suivantes. On n'a pas sorti chaque fois le champagne car ce sont des événements attendus pour un compétiteur. Mon objectif, c'était le 4e dan – celui de mon professeur Raymond Redon, celui de M. Verdino, que notre déménagement à Vénissieux avait éloigné de moi. Je viens de relire mon « passeport », cette carte d'identité de judoka que la fédération octroie à ses licenciés. Le 25 mars 1979, j'ai obtenu le 2e dan. Chose curieuse, le 3e dan est venu tardivement, le 26 avril 1985. J'aurais dû aller plus vite, que s'est-il passé ? Je me suis blessé au genou : rupture des ligaments croisés, je suis devenu un étudiant studieux, licence d'histoire-géographie, maîtrise et DEA. Sur le tapis, j'ai failli renoncer. Mais après le 3e dan, j'ai vite récupéré le 4e, le 26 octobre 1987. Ça, je m'en souviens : la trentaine approchant – dès vingt et un ans, quand on se désespère à tort de ne plus en avoir dix-huit –, j'ai voulu retrouver ce qui s'enfuyait et cette vie de judoka qui n'allait plus durer. J'ai obtenu mon « 4e », à Lyon, en remontant une ligne, 50 points en une seule fois. Un an plus tard, le 15 octobre 1988, je marquais déjà 20 points pour le 5e dan – j'avais repris le rythme. Ce grade était alors le plus haut qu'on puisse obtenir par la compétition et il me fallait l'avoir vite. J'étais en pleine bourre, toujours prêt pour la bagarre et les footings matinaux. J'avais des élèves aussi, qu'il me fallait épater. Et je connaissais mes katas par cœur, c'était une formalité pour un jeune combattant. Je serais devenu 5e dan avant mes trente ans. Aujourd'hui, je serais peut-être 7e dan, comme ceux de mes valeureux camarades qui n'ont pas quitté le champ de bataille. Je suis parti dans un grand ailleurs. Je vivais en célibataire, toujours aux Minguettes, rue Georges-Lyvet, un résistant lyonnais comme il se doit. Le monde m'appelait. Commencèrent les années de voyage et de cinéphilie. Et de renoncement, donc : pas de 5e dan ; je voulais soutenir ma thèse d'histoire avant trente ans. Je ne l'ai pas achevée non plus. J'ai déserté, j'ai laissé tomber, la faute à Welles et Eisenstein.

22

Sugata Sanshiro

Comme l'adolescence succède à l'enfance, le cinéma arriva après le judo. Et Lyon Presqu'île après Vénissieux Minguettes. De la grande ville, je n'ai longtemps connu que les clubs : ceux de Gerland ou de la Croix-Rousse, le Judo Club du Rhône dans le quartier arabe de la Guillotière ou le Judo Club Lugdunum à Villeurbanne. Un chapelet de dojos dessinaient l'agglomération d'un trait magique, à Décines, Oullins, Brignais, Tassin-la-Demi-Lune ou Corbas. On ne progresse qu'en se frottant aux autres et notre professeur nous conduisait partout pour des entraînements où l'amitié le disputait à la rivalité. On se jaugeait, on se toisait, on se battait, et quand Saint-Priest, la ville voisine, venait nous défier, on se méfiait plus que jamais : Patrick Nolin, leur vedette, flirtait déjà avec les podiums nationaux et nous inspirait une saine terreur, il était si fort, si inattendu, si doué pour ce sport.

Après le judo, la ville s'est offerte à moi à travers les cinémas. Nous descendions par le bus 12 surpeuplé qui, d'un interminable trajet ponctué d'arrêts incessants, nous déposait place Bellecour. Nous allions en bande, toujours d'accord sur les films à voir, arpenter les pentes de la Croix-Rousse pour entrer au Canut, rejoindre les Brotteaux pour aller à l'Astoria ou dénicher le Fantasio de Villeurbanne où mon père m'avait emmené voir *Trois cavaliers pour Fort Yuma* – je me souviens d'un cow-boy aveugle et de sièges en bois, d'une salle qui était là pour toujours et qui disparut soudainement, détruite en une journée.

Puis, je devins plus cinéphile que les copains, je visitais des territoires inconnus, des pays étrangers, les films de la Nouvelle Vague et le cinéma d'auteur des années soixante-dix. Un jour, je découvris l'existence d'un film au titre énigmatique : *La Légende du grand judo*, réalisé par Akira Kurosawa. Je connaissais ce nom car j'avais vu *Les Sept Samouraïs* à la télévision. Une biographie de Paul Newman, que j'adorais, m'apprit aussi que *L'Outrage* de Martin Ritt était en réalité l'adaptation en western d'une œuvre japonaise : *Rashomon*. Je tombai à nouveau sur le nom de Kurosawa. Plein de passion pour le western italien, je découvris que *Pour une poignée de dollars* de Sergio Leone était un remake dissimulé de *Yojimbo* d'Akira Kurosawa, encore lui, avec Toshiro Mifune, la star de *Rashomon* et des *Sept Samouraïs*. Lequel Mifune, que je retrouvai sur l'écran du Pathé Bellecour aux côtés d'Alain

Delon, Charles Bronson et Ursula Andress dans *Soleil rouge* de Terence Young, me conduisit vers des films comme *L'Ange ivre*, *Chien enragé* et quelques autres titres que je dénicherais plus tard en VHS, dans la collection de Claude Berri et Jean-François Davy. Ces films menaient à nouveau à Kurosawa. Son nom m'était définitivement familier : selon Martin Scorsese, on devient cinéphile le jour où on parle des metteurs en scène et non plus des acteurs.

Un maître japonais explorant les prémisses du sport le plus emblématique de son pays, c'est un peu comme si Pedro Almodovar avait commencé par filmer le flamenco ou David Lean la naissance du football. Jigoro Kano au cinéma, que rêver de mieux ? Comme j'ai toujours été convaincu que la rencontre entre les frères Lumière et un jeune cinéphile lyonnais était écrite, et que j'en étais l'heureux élu, je me suis longtemps persuadé que j'étais le spectateur français désigné par le destin pour apprécier mieux que quiconque *La Légende du grand judo*.

Le problème, qui le rendait plus mystérieux encore, c'est que le film était devenu invisible. Qu'importe, j'en devins le spécialiste : je connaissais le scénario, les acteurs, le titre original, *Sugata Sanshiro*, et, dans l'abstraction, j'en parlais avec distinction.

Il me fallait le voir. Surprise : en janvier 1980, il apparut dans une petite salle d'art et d'essai de

Lyon-Perrache : le Cinématographe, ce cinéma situé en face de la prison Saint-Paul dont parle Philippe Noiret à Nathalie Baye dans *Une semaine de vacances*, le film de Bertrand Tavernier. J'y allai avec Luc Mathieu qui, depuis le lycée, accompagnait mes pérégrinations au cinéma. Stupeur, nous n'étions que deux dans la salle. L'idée très religieuse que *La Légende du grand judo* m'avait désigné comme son spectateur privilégié se renforçait.

Grâce à cette projection, je pus épater autour de moi en enclenchant un mécanisme éprouvé des cinéphiles : vanter la force d'un film inconnu, en amplifier la portée et prétendre être quasiment le seul à l'avoir vu. Le spectateur, découvreur et chercheur Pierre Rissient était coutumier du fait : combien de fois nous a-t-il fait la liste des dix meilleurs films philippins de l'Histoire, palmarès que personne ne pouvait commenter, combien de fois nous a-t-il vanté un génial Chinois connu de lui seul dont il n'y avait aucun moyen de vérifier le talent ?

En l'espèce, nul besoin de surestimer *La Légende du grand judo* : c'est un film bouleversant. Il conte l'histoire d'un professeur qui va dulcifier un élève brillant et rebelle. Le maître s'appelle Yano, Shogoro Yano, et son élève Sanshiro Sugata, qui donne au film son titre original, à la mode japonaise avec d'abord le nom de famille : *Sugata Sanshiro*. Comme vous êtes attentifs, vous l'avez compris : Shogoro Yano est en réalité Jigoro Kano ; et Sugata Sanshiro, son disciple le plus fameux, Saigo Shiro (à la mode européenne : Shiro Saigo). La première fois que j'avais entendu parler de ce dernier, c'était dans *France Judo*, un magazine créé par Claude Fradet en 1969. Saigo y fit l'objet d'un portrait documenté, empreint du lyrisme habituellement réservé à l'évocation des premiers chrétiens. Comment pouvais-je deviner que le cinéma s'était emparé de cette histoire ? Saigo fut le judoka le plus fort des temps préhistoriques, à la suite de Jigoro Kano, inatteignable, comme un Marius Cestier fut l'un des premiers et des plus talentueux opérateurs du cinématographe, après Louis Lumière, lui-même cinéaste de premier rang. Shiro Saigo avait aussi inventé *yama-arashi*, une projection dangereuse à l'éloquente traduction : « tempête dans la montagne ».

Sugata Sanshiro, le film, est aussi l'histoire d'un jeune homme arrogant et sauvage qui en vient à accepter les préceptes d'un tuteur qui lui enseigne la beauté du dépassement de soi. Récit d'initiation et de métamorphose en même temps qu'œuvre d'apprentissage, il est le premier pas d'un géant du cinéma. Lorsqu'il commence le tournage en 1942, Kurosawa a trente-deux ans et achève une carrière d'assistant et de scénariste. « Si tu veux devenir metteur en scène, tu dois d'abord savoir écrire », affirmera-t-il plus tard. Billy Wilder le confirmera, non sans balancer une vacherie sur les producteurs hollywoodiens à qui « on ne demande pas de savoir écrire mais au moins de savoir lire ». Brûlant et déterminé, Kurosawa est, comme il le déclarera dans un entretien donné à la BBC en 1986, au « carrefour de l'inexpérience et de l'audace ». Il faut ça pour devenir cinéaste.

En 1942, Kurosawa a lu l'ouvrage encore inédit d'un écrivain du nom de Tsuneo Tomita, dont le père, Tsunejiro Tomita, fut l'élève de Jigoro Kano au début du siècle – j'en parle au chapitre 7. Conquis par le récit, il presse le studio Toho d'en acquérir les droits. Kurosawa, qui fera souvent appel à des scénaristes (Shinobu Hashimoto en particulier, mort en 2018 à cent ans, qui écrira aussi *Hara-kiri* pour Masaki Kobayashi et autres chefs-d'œuvre), écrit seul le scénario, d'une traite. Les ingrédients sont là : le portrait de Jigoro Kano et sa défense du Kodokan ; le judo naissant face au Japon traditionnel ; la solitude des grands pionniers et l'inconscience de la jeunesse ; le prix de l'engagement et le remords de l'acte. Le tout dans une dimension visuelle conforme à l'époque qu'il décide de peindre.

Quand il est engagé par le studio Toho, auquel il restera longtemps fidèle, tournant encore pour lui son chef-d'œuvre *Dersou Ouzala* en 1975, Kurosawa sait qu'il a tout à prouver. Le projet étant très *japonais*, le comité de censure l'autorise à faire le film mais déclarera le produit final trop « anglo-américain » et exigea plusieurs coupes, ce qui plongea Kurosawa dans une grande fureur. Mais Yasuhiro Ozu, l'auteur de *Voyage à Tokyo*, le protège. Son coup d'essai sera un coup de maître et, si en 1950 *Rashomon*, son douzième film, fera sa réputation, ce premier envoi est un geste de cinéaste.

Au cœur des films de sport se glisse toujours la scène du « grand moment libérateur ». On la retrouve dans l'affrontement entre Sugata Sanshiro, devenu le meilleur judoka du Kodokan, et le « Démon de l'école de Tokuza » – bon, les très forts, on les appelait toujours « démons ». Ayant retenu les leçons du maître qui l'a dressé lors d'une épreuve mémorable (la pénitence dans les eaux glacées et purificatrices d'un minuscule étang qui jouxte la maison), Sanshiro, petit mais malin, ne se laisse pas impressionner par son adversaire. Quand le colosse parvient à le déséquilibrer, on assiste au renversement des certitudes, la défaite du fort contre le faible qui se sert de sa vitesse pour vaincre. Victoire de l'intelligence sur la bestialité, de la réflexion sur la férocité : Jigoro Kano aura posé avec justesse les fondations de sa discipline en la pensant comme une manière de vivre.

C'était le nirvana de s'approprier un tel film. Même Tavernier, rencontré dans ces années-là et dont on sait qu'il est aussi difficile de le prendre en défaut filmographique que Roger Federer sur un tie-break à Wimbledon, ne le connaissait pas. Passé la surprise d'en découvrir l'existence, il aurait pu se résumer à une ligne dans la filmographie d'un cinéaste, aussi estimé soit-il, et fût-elle la première. Comment prédire œuvre si forte ? Tellement, déjà, dans le « style Kurosawa », ce rythme ponctué de soudainetés et de silences, d'action, de méditation. Les premiers films annoncent souvent les motifs futurs de l'œuvre : ici, le dialogue narquois entre les générations, la mise en scène classique, épurée, fulgurante, où l'extravagance du quotidien côtoie la réflexion sur la condition humaine, l'Histoire se mêlant aux destins individuels. Aussi, un soin apporté à la photographie quasiment expressionniste d'un noir et blanc à la grande beauté plastique. Amoureux du cinéma muet, il montre un sens infini de l'espace, du temps et du montage, en deux plans larges et un visage cadré en insert.

Tous les grands cinéastes ont commencé par parler de la jeunesse. Sugata Sanshiro est l'archétype du jeune homme qui ne connaît que la révolte. À l'heure du grand combat, il ne sait plus rien, seulement que l'apprentissage de la défaite sera celui de l'existence. Encore aujourd'hui, ceux qui feront du judo dans l'esprit de ses origines lui ressembleront.

Le judo triomphe du jujutsu car la morale affirme sa supériorité sur toute chose. L'œuvre de

Kurosawa le redira toujours. En artiste du détail, il restitue parfaitement l'exécution des mouvements, les protocoles, la lutte pour le kumi-kata, les déplacements, l'allure des combattants et l'intérieur des dojos. Il multiplie les ambiances nocturnes, il dessine des silhouettes dans le noir, comme dans cette scène où « Kano » terrasse plusieurs adversaires sous le regard médusé de son futur élève, qui comprend que chaque combat est question de vie et de mort.

La Légende du grand judo ne cesse jamais d'être une fiction et se refuse à n'être qu'un « film de judo », pas plus que *Raging Bull* n'est un « film de boxe ». Une gageure, car le sport au cinéma parvient rarement à faire coïncider au sein d'un même récit ambition romanesque, expertise technique et crédibilité visuelle.

Par exemple : l'adversaire que Sanshiro doit rencontrer est non seulement le plus redoutable spécialiste de jujutsu de la ville, mais il est aussi, dilemme suprême, le père de sa bien-aimée. Et le regard porté sur le « méchant » est empreint d'humanité. Kurosawa a toujours dit sa dette à John Ford mais je parie qu'il s'est aussi inspiré du *Gentleman Jim* de Raoul Walsh, sorti un an plus tôt, et de la dernière scène entre Errol Flynn et Ward Bond. Et si ça n'est pas le cas, parce qu'en vérité je n'en sais rien, c'est encore plus édifiant. On y aborde les premières années du noble art enfin codifié, de l'art martial enfin apaisé et l'idée partagée du respect de l'adversaire, dans cette séquence déchirante de paix des braves qui conclut les deux films.

À sa sortie, *La Légende du grand judo* rencontra le succès et Toho commanda une suite. Deux ans après, le jeune cinéaste adoubé par les producteurs les plus influents de Tokyo, pour lesquels il aura entre-temps réalisé un film de commande nationaliste (*Le plus dignement*, en 1944), s'exécute. Las, *La Nouvelle Légende du grand judo* (*Zoku Sugata Sanshiro*) qui étend la confrontation initiale avec le jujutsu au karaté et à la boxe n'ajoute rien à l'original et Kurosawa lui-même ne lui accordera guère d'importance.

Amputé de quinze minutes du montage original disparues à jamais, *La Légende du grand judo* ne retrouva après la guerre que très peu souvent les salles japonaises et sombra dans l'oubli, comme les films de jeunesse de Kurosawa, emportés par le flot de chefs-d'œuvre d'une des carrières les plus démesurées de l'histoire du cinéma.

Dans les années quatre-vingt-dix, grâce à Jean-Pierre Jackson, un distributeur-écrivain-scénariste amoureux du cinéma japonais que nous croisions souvent à l'Institut Lumière et qui acheta une belle copie 35 mm dont seuls quelques initiés savent où elle se trouve aujourd'hui, le film était redevenu visible. En 1993, à Cannes, j'avais pu m'approcher de Kurosawa, lors de la projection de *Madadayo*, son ultime opus. Le cœur serré, partant de l'adieu au monde qu'il fit ce soir-là (il mourra en 1998), je décidai de l'étudier en remontant le cours du fleuve. Ces dernières années, les films sont devenus disponibles, des œuvres maîtresses (*Vivre*, *La Forteresse cachée*, *Entre le ciel et l'enfer*) aux inédits splendides (*Je ne regrette rien de ma jeunesse*, *Un merveilleux dimanche*, *Qui marche sur la queue d'un tigre*). Les Japonais ont restauré tous les Kurosawa. Presque. Il manque encore *La Légende du grand judo*. Quand un film est maudit, il est maudit. Et en ce début de XXIe siècle, le secret ne s'est toujours pas éventé : Akira Kurosawa a réalisé un film sur le judo.

23

Se battre

À dévider l'écheveau des souvenirs, je n'ai pas assez dit à quel point une vie de judoka est aussi liée à la peur : peur d'exécuter un mouvement devant les camarades, de se confronter au jugement du maître, de démontrer un kata sans se tromper. Peur d'affronter des adversaires en public, peur de perdre, peur de gagner, et peur de sa peur. Nombre de petits judokas ont remisé le judogi en raison d'une défaite précoce, d'une innocence balayée par la brutalité d'un champion en herbe tapageusement encouragé par sa famille et la hantise de ces samedis après-midi où monter sur le tapis pouvait devenir un cauchemar. Combien ai-je vu de bambins s'effondrer, la tête dans les mains, la stupéfaction déchirant un visage livide ? La compétition commencée trop jeune peut décourager à jamais.

Nul n'est épargné par le trac et il y a toujours à retenir dans la défaite. Le plus farouche des batailleurs a la trouille au ventre, c'est même pour ça qu'il est batailleur, même Teddy Riner ne l'évite pas, surtout Teddy Riner qui, au prochain combat – il a, en 2020, achevé une série de 154 victoires consécutives –, se souviendra d'abord qu'il a perdu le dernier.

Encore faut-il appréhender l'enjeu d'une compétition, séparer l'épreuve du résultat, ce qui n'est pas les manières de l'époque, qui confond la qualité et le succès, en sport, en art, en vie. On revient à la même question métaphysique : le but ou le voyage. La compétition vous embarque dans une autre existence où dominent le caractère, la volonté, la force. Elle révèle aussi vos failles, votre pusillanimité, vos manquements. Elle interroge votre présence au monde et votre capacité à l'intrépidité et au courage. Elle oblige à la vulnérabilité et à la confrontation à l'hostilité du réel.

En un après-midi, le temps de quatre combats, chacun fait avec angoisse l'expérience de zones grises inconnues. J'affichais comme les autres une détermination de façade mais rien ne m'effrayait autant que les semaines de compétition. Cela m'a servi : je n'ai plus jamais craint la défaite, ni qu'elle puisse être un problème – et bien avant d'avoir lu les philosophes grecs. La défaite n'a pas forcément un goût amer, elle est aussi un soulagement, un pas vers l'oubli et l'effacement. À m'en souvenir, nous avons été bizarres et sauvages, nous avons mesuré la brutalité des impulsions, la sauvegarde de soi, l'usage de la force et l'immensité des chagrins. Car, sur un tapis, la solitude vous ronge, vous change et vous empêche de tricher. Et vous débarrasse de l'arrogance de vos jeunes années.

J'ai fait beaucoup de compétition. La reprise de l'entraînement commençait en septembre, la saison des combats en octobre et les championnats fédéraux arrivaient en janvier, ce qui obligeait à redoubler d'efforts quand approchait Noël. Mais pas de banquets de fin d'année, de dinde farcie de grand-mère et de sucreries. Le judo se dispute par catégories de poids, un combattant passe la moitié de la saison à monter sur la balance et à paniquer comme un mannequin avant un défilé. Et le reste du temps à essayer de ne pas manger. À s'affamer avant, à gloutonner après. À se regarder et à se désespérer. Ça laisse les traces d'une indiscipline diététique permanente et impose à nos morphologies une pénible sensation de yoyo.

En club, le niveau se distingue peu car il en est qui cachent leur jeu. La compétition change tout. Des copains très bons à l'entraînement s'éteignaient ailleurs. Des judokas quelconques s'affirmaient dans la férocité des conquêtes. Certains masquaient sous une allure débonnaire et parfois burlesque une redoutable technique et un abattage inattendu.

J'ai aimé la compétition autant que je l'ai détestée. J'étais une graine de champion, entouré des louanges de mes entraîneurs et de mes camarades de randori. Je ne me suis pas transformé en légende familiale non plus. Mes parents avaient à faire ailleurs et je n'étais pas enclin à quêter leur attention. Ils ne venaient pas au dojo. Ce territoire était le mien. Mon père n'assistait que rarement aux compétitions – pourtant, chaque fois qu'il l'a fait, j'ai gagné. Mais je ne voulais pas de ces parents fourrés dans les tribunes qui choient leur progéniture jusqu'à vivre leurs espoirs par procuration. C'était mon monde, les miens avaient le leur. À la maison, il n'y avait pas de champion qui tienne. Un jour, à la suite d'une belle victoire, mon père m'a averti : « Pas de vantardises à l'école, hein ? » Ça m'étonna, parce que je ne racontais pas ma vie et parce que c'est lui qui m'avait élevé. Mais on ne sait jamais ce que les gens, même vos propres parents, savent de vous, et je suis heureux qu'il l'ait dit.

Les épreuves régionales se révélaient faciles, « monter à Paris » l'était moins. La défaite aux championnats de France minimes avait suscité l'un de ces échos inédits de l'enfance, pré-traumatiques des désillusions futures. On a ses chimères, on se prépare, on se croit prêt et c'est la déroute. On s'installe alors en tribune et on voit que le podium exigeait plus. Je vivais « aux France » ce que j'avais infligé à d'autres à Lyon. Il me manquait quelque chose, que je ne cherchais pas, comme si c'était écrit. Sans connaître le vaste monde, je m'étais cru invincible. Dans mon village. Pas à Paris, loin du petit palais des sports de Gerland. Je perdais mes moyens en arrivant à Coubertin, et je l'acceptai. Le talent seul ne suffit pas – on ne sait pas ce que serait devenu Presley sans le colonel Parker. La technique, oui, l'esprit aussi, mais sans musculation et entraînement approprié, le corps ne suivait pas ; quant à l'envie, je caressai vite d'autres rêves. Aujourd'hui que je rencontre quelques moments intimidants dans mon métier (et accompagner Martin Scorsese devant deux mille personnes pour rendre hommage à Billy Wilder pour ma deuxième année à Cannes m'a donné plus de trac qu'une finale nationale universitaire), je me dis qu'une performance nationale dès l'enfance m'aurait ouvert un autre avenir. Celui-là ne sera pas pour moi.

« Rassure-toi, les Lyonnais ont toujours mal voyagé », me dit un jour Raymond Redon. Je me souviens qu'à l'automne 1974 Serge Chiesa, le brillant numéro 8 de l'Olympique lyonnais, avait fui le stage de l'équipe de France. « Je déteste m'éloigner de ma famille », s'était-il justifié. Rentré à Lyon dans la nuit, il s'était vu infliger une amende et exclure du 11 de France, tout en régalant pendant des années les tribunes de Gerland en formant avec Fleury Di Nallo et Bernard Lacombe un trio à l'éclat sans pareil. Rester à la maison lui convenait. Ça m'avait frappé. Fût-ce dans une imitation inconsciente, je me contenterai des épreuves locales que je remportai dans toutes les catégories d'âge. Champion de chez moi, quoi. Je ferai souvent de splendides passages de grades, je serai difficile à battre sur mes terres, mais les compétitions loin de Lyon m'apparaîtront vite comme une corvée. Un sentiment identique m'a traversé quand Gilles Jacob m'a appelé à ses côtés au Festival de Cannes. J'ai longuement hésité à m'éloigner de la rue du Premier-Film, et je ne l'ai fait qu'en gardant un pied à l'Institut Lumière.

À une époque où le local avait la force qu'a aujourd'hui le planétaire, être le roi du quartier me suffisait. Car seuls deux niveaux comptaient : les copains, le club et le correspondant local du *Progrès de Lyon* d'un côté ; et l'équipe de France et Coubertin de l'autre. D'une certaine façon, une victoire à Lyon ou au Tournoi de Tbilissi, le plus dur après ceux de Tokyo et Paris, c'était pareil. Pour le reste, on faisait tous du judo de la même manière, et la compétition n'a qu'un temps. La pédagogie, la formation, les responsabilités fédérales m'intéressaient plus. Et Raymond Redon m'y encouragea. Lui-même n'était pas un entraîneur-sorcier hurlant depuis la tribune : « Monte ta main, bloque son bras, méfie-toi de sa jambe droite. » Il parlait peu, son enseignement suffisait. Comme Clint Eastwood qui ne donne guère d'indications à ses acteurs : « Je vous ai choisis, jouez comme vous savez le faire. » De surcroît, Raymond prenait la vie du bon côté, manière de lutter contre sa tristesse de fond. Il jouait beaucoup aux courses, galop, trot attelé, tout lui allait : « On avait trois chevaux à la ferme, c'est pour ça. » Il était juste parieur. Un jour qu'il me fallait attendre plus d'une heure avant la finale d'une épreuve, il avait soudainement disparu pour revenir dix minutes avant le coup de gong, radieux : « Je viens de gagner deux mille balles sur un cheval, à toi maintenant ! » J'avais remporté le combat, c'était la joie partout. Il y a des coachings plus orthodoxes.

C'est lui qui me fit comprendre qu'on pouvait vivre le judo en l'enseignant. Et qui me rassura : « Je n'ai pas eu la chance d'étudier. Toi, tu as ça. » Il est vrai que j'en avais fait mon équilibre : à l'école, je pensais au judo et, au judo, je savais que j'avais l'école. Ça m'est resté d'avoir toujours un pied dans chaque camp. Comme l'explique Bertrand Tavernier : « Défendre Delmer Daves dans *Les Cahiers du cinéma* et Samuel Fuller à *Positif*. » Les bienfaits d'une double vie. Quand l'une me fatiguait, l'autre me secourait. Le cinéma vint en soutien, puis en priorité. Être issu d'un milieu politisé me mettait à part. Un jour, mon père avait été arrêté dans une manif et le commissaire qui traita l'enquête était M. Mayoud, l'un des responsables du Judo Club Croix-Roussien. Il s'était formidablement comporté avec moi, comprenant ce mélange de gêne et de fierté qui était le mien de voir un père embarqué par des policiers. J'avais des partenaires, des terreurs sur le tapis, qui admiraient ça, que je fasse des études. Je me souviens d'un stage au CREPS de Macon, on était tout un groupe, on regardait vaguement la télévision après le dîner. Arriva le film du soir : *Les Deux Anglaises et le Continent*, de Truffaut, qui m'envoûta, quand les copains ne goûtaient guère une œuvre romantique où les acteurs parlaient avec des intonations bizarres. Comme ils s'enfuyaient par grappes, je me suis vite retrouvé seul à regarder Jean-Pierre Léaud et les deux filles. « Il sentait leurs corps comme une indiscrétion… », le film me transportait. Je savais déjà que ça serait ma vie, le cinéma.

24

Une vie publique

Ce seront les dernières images : quelques minutes de pellicule en noir et blanc, avec rayures, blessures et morsures du temps, sans l'affectation numérique d'une époque qui veut moderniser, javelliser, remettre en couleur ce qui ne l'est pas, sonoriser ce qui est muet, comme si nos yeux ne savaient plus voir la fulgurance derrière la fragilité des photogrammes – pourquoi, pendant qu'on y est, ne pas ajouter quelques jurons contemporains dans *À la recherche du temps perdu* pour actualiser Proust ? C'est donc un court film où apparaît Jigoro Kano, surgissement anthropologique sidérant, impensable avant l'apparition d'Internet. Que cela n'existait-il dans le passé, quand nous traquions désespérément les raretés de Bob Dylan dans les boutiques de Greenwich Village, alors que nous ne savons plus comment classer aujourd'hui ses *Bootlegs Series* si nombreuses ?

Nous sommes avec Jigoro Kano au bord du tapis. Il effectue une démonstration. D'abord l'exécution d'*uki-goshi*, mouvement dont la traduction est « hanche flottée », une projection qui n'exige pas de porter l'adversaire, juste de le faire glisser en cercle autour de la hanche. Kano est vêtu d'un kimono noir, pas un judogi mais un *hakama*, le pantalon-jupe bouffant des aïkidokas. Il donne la leçon. Ses déplacements, calculés et naturels à la fois, confirment qu'il pratiquait un très bon judo. D'un bras assuré, il entraîne son partenaire avec élégance, à droite comme à gauche, insistant par des tractions efficaces sur l'importance du déséquilibre. Les positions sont toutes là : shizentaï, jigotaï, taï-sabaki, tsugi-ashi.

Puis changement de scène. Là encore, les images sont belles, stables, bien cadrées. Dans un décor plus solennel, Kano démontre le ju-no-kata, qu'il a imaginé très tôt, dès 1887. Il apparaît si petit, si technique, mais dans la pleine conscience de ce qu'il est. Bien qu'il n'existe pas d'images animées de sa jeunesse, de ce moment où lui et ses élèves investirent le quartier d'Eishoji à Tokyo – le Cinématographe Lumière n'arrive au Japon que quinze ans plus tard –, cette figure éblouissante du sport moderne est restée immortelle grâce aux photographies et à ces fragiles images animées. Ces dernières dateraient du début des années trente, tournées pour la célébration du cinquantenaire du Kodokan, en 1934, quand l'école s'installe à Suidobashi. Jigoro Kano a alors soixante-quatorze ans. Dans quatre ans, il sera mort.

Il aura passé quarante ans à développer le judo. On est loin de l'esprit des catacombes des débuts. Le Kodokan a ouvert des annexes dans l'île. Les tapis ne désemplissent pas. Tout devient plus vaste. Quelque chose de religieux ne cesse de rattacher le judo à une pensée aussi sportive que théologique. En 1911, Kano souhaite qu'il soit enseigné par des instructeurs dûment habilités. Jusque-là, les combattants du Kodokan transmettaient spontanément leur savoir au gré des tournées et des visites. C'est l'explosion, au Japon et à l'étranger – on a évoqué Kawaishi pour la France, ils sont nombreux à partir par-delà les mers, le judogi en carte de visite. En 1905, Mitsuyo Maéda exporte le judo au Brésil, après une démonstration devant Theodore Roosevelt à West Point en compagnie de Tsunejiro Tomita qui s'installe un temps aux États-Unis. Avant le début de la Première Guerre mondiale, le judo se déploie partout dans le monde. « Dans le futur, écrit Kano, le Japon pourra non seulement participer à l'évolution culturelle du monde pour la première fois de son histoire, mais contribuer également à son propre rayonnement international. Ceux qui auront étudié le judo joueront un rôle prépondérant. »

Kano vibre d'un désir pédagogique qui ne le quitte jamais. Il a pensé le judo comme un art total. À sa sortie de l'université, il avait choisi la vie d'enseignant pour ce Japon de Meiji dont l'éducation est la marque. Le succès du judo accompagne le sien. Le sage Kano apprend à enfreindre et, en pénétrant les sphères du pouvoir, critique les immobilismes. Il résiste à M. Miura, un général nationaliste qui dirige l'école Gakushu-in où accourt la noblesse tokyoïte, et dont Kano conteste la finalité élitiste de ses conceptions éducatives. Kano n'est pas qu'un théoricien, il se coltine le réel, comme on ne disait pas alors. Dans ces années-là, il conçoit un système au mérite, prend en charge huit mille étudiants chinois, se consacre à améliorer le système éducatif de son pays, comprenant très tôt que tout passe par là. Cet homme qui écrit beaucoup paraît silencieux mais sa ténacité est toujours là, dans l'exécution parfaite d'un sasae comme dans l'établissement théorique d'un gokyo qui s'affine. Les bourrasques du siècle se lèvent mais rien ne le soumet ni ne le grise. Il n'est que dans le dévouement aux autres et dans le bonheur de vivre, que son mariage avec Takezoe Sumako, qui lui donne cinq filles et trois garçons, rend plus vif encore. La vie pédagogique au service d'un art qu'on a créé : qui peut se flatter d'avoir choisi son destin et de le voir prendre forme devant ses propres yeux ?

En 1922, Kano devient sénateur, investit le débat public, écrit dans les revues qu'il a fondées, essaie de penser le judo et le monde. Ses articles, « Réponse à plusieurs questions relatives à la prospérité mutuelle » ou « Du judo et de son aide pour lutter contre les abus de l'époque », sont lus. Moderne et agile, il affermit le futur du judo en le liant à l'histoire des disciplines de combat chinoises et japonaises. En mai 1926, l'événement n'est pas mince, le nom « judo » remplace celui du « jujutsu » au Journal officiel.

Pour Kano, l'éducation pour tous n'est pas un slogan. Ce « tous » signifie : les femmes aussi. En novembre 1922, il ouvre la section féminine du Kodokan. Juste retour du passé : un jour de 1893, Tsunejiro Tomita, le premier élève, débarqua au Kodokan avec une copine. Kano accueillit Sueko Ashiya, c'était son nom, à bras ouverts. En 1904, il acceptera d'être le professeur personnel de Yasuda Noriko, une autre nouvelle venue. Les femmes, ça n'est pas le sujet du sport ni celui du pays, qui résiste aux réformes, mais il sera celui de Kano, bien que la compétition féminine doive attendre l'après-guerre – qui dit que Kano encore vivant ne l'eût pas favorisée plus tôt ? En janvier 1933, une troisième pionnière, Ozaki Kaneko, se voit décerner la première ceinture noire. Au Kodokan, les femmes s'inscrivent par centaines.

Techniques, katas, randoris, rien ne manque. Sauf la compétition, qui s'impose comme une évidence : le shiai se pratiquait comme épreuve interne, il faut dire maintenant qui sont les meilleurs combattants du pays. On officialise des règles d'arbitrage, et voilà les tournois qui quittent les dojos pour s'installer dans les palais des sports. En 1930 s'ouvrent les premiers championnats du Japon. Moment fondamental mais question existentielle : le principe de la victoire ou celui du judo ? Les deux, pour en respecter l'esprit : il n'y aura aucune catégorie de poids, les grands et les petits tous ensemble et que le meilleur gagne – et ça n'est pas toujours les plus lourds. Longtemps, ce championnat réservé aux Japonais restera la compétition la plus importante pour les judokas, celle que le poids moyen Isao Okano gagna et que Shozo Fujii n'est jamais parvenu à remporter. Il est l'Everest, l'étape de l'Alpe d'Huez, la finale de Wimbledon, le 100 mètres des jeux Olympiques.

Je cite à dessein. En 1909, Kano intègre le Comité international olympique, premier Asiatique à le faire. C'est le projet sportif mondial dont il rêvait, la troisième aventure de sa vie, avec le judo et l'éducation. Il étudie ce qui se passe ailleurs, ce Tour de France cycliste qu'un fou nommé Henri Desgrange, un homme de sa génération comme Coubertin, a lancé au début du siècle, ce base-ball américain qui organise des compétitions depuis si longtemps ou ce football européen inconnu au Japon que le Français Jules Rimet a doté d'une fédération internationale à la barbe des Anglais en vue d'organiser une coupe du monde. En 1911, Jigoro Kano crée et devient le premier président du Comité olympique japonais et se rend un an plus tard aux Jeux de Stockholm. En 1915, à l'École normale supérieure de Tokyo qu'il dirige toujours, il fonde le « département d'éducation physique ». En 1922, il théorise le *seiryoku-zenyo* dans un texte saisissant qui prône l'utilisation de l'énergie et une certaine façon de mêler l'émotion et la puissance. Agir juste, au bon moment, dans un parfait contrôle de sa propre énergie, en retournant la force et l'intention de l'adversaire contre lui-même – le judo comme un secret.

En juin 1920, il est aux JO d'Anvers, rate les suivants à Paris, mais pas ceux de 1928 à Amsterdam où le Japon gagne ses premières médailles d'or. Il assiste à Genève à des réunions à la Société des Nations encore vaillante et s'implique dans la diplomatie sportive internationale – le *soft power* par le judo. En 1932, il défile aux Jeux de Los Angeles avec la délégation de son pays. Il est chargé de transmettre la candidature du Japon pour 1940. Le 31 juillet 1936, alors qu'il s'apprête à ouvrir les jeux Olympiques de Berlin, le CIO désigne, pour 1940, Tokyo pour les compétitions d'été et Sapporo pour les épreuves d'hiver. Pour Kano, c'est une victoire personnelle.

On le sait, ils n'auront lieu que vingt ans après la Seconde Guerre mondiale. Car nous voilà à un passage délicat. Déifié par l'histoire et sacralisé par l'entrain de ses fidèles, dont votre serviteur, Kano traverse souverainement les deux premières décennies du XXe siècle. Mais les années trente ? La prise du pouvoir par les militaires à Tokyo, l'invasion de la Mandchourie par le Japon en 1931, la sortie de la Société des Nations en 1933, puis en 1936 le pacte anti-Komintern avec l'Allemagne nazie et l'Italie mussolinienne, ce cycle de violences entre les peuples, de conquêtes impérialistes et de guerres sauvages ? Paysage politique sombre pour les nations, engagement personnel sinueux pour les hommes publics. Ajoutons pour Kano, en 1933, une prétendue rencontre avec Hitler dont il n'existe aucune trace – il s'agit en fait d'une rencontre officielle avec des membres du gouvernement – et la photo de groupe d'une délégation mondiale aux Jeux de Berlin, avec le chancelier allemand devant et Kano, tout petit, tout au fond. Hitler se désintéressait du sport, il ne savait pas nager, ni conduire et, comble de l'infortune pour un militaire d'alors, à peine monter à cheval. Il ne concède au sport que deux lignes dans *Mein Kampf* à propos de la boxe… et du jujutsu, d'où la présence de nombreux clubs dans l'Allemagne nazie. Hitler abandonne le secteur à Heydrich, bon escrimeur. Lorsqu'il hérite des Jeux de Berlin (attribués à l'Allemagne en 1931, sous Weimar), il ne veut pas entendre parler de cette « invention des juifs et des francs-maçons ». Goebbels, flairant l'instrument de propagande, saura le faire changer d'avis.

De Kano, l'observateur cauteleux du XXIe siècle, tout à la promptitude triomphante de son temps pour méconnaître, juger et tout mélanger, résumerait allègrement tout ça : « Né au Japon au XIXe siècle, Jigoro Kano a grandi dans une "démocrature" impériale. Prônant l'éducation, la discipline et la maîtrise de soi, il développe des idéaux sportifs qui étaient ceux des classes dominantes du début du XXe siècle. A traversé l'entre-deux-guerres sans dommage, ce qui pose question. » Une telle description suffirait à faire de lui un vil conservateur, complice des pires crimes de son siècle.

Je tiens que le créateur du judo était tout le contraire. Évoqué-je Kano en tentant de retrouver l'image idéale qu'enfant je m'étais faite de lui ? Non, même s'il est vrai qu'il faut analyser prudemment le parcours politique des gens de cette époque. Mais l'hypothèse suivante a ma préférence : « Défendant la pédagogie, les pauvres et les étudiants, Jigoro Kano crée un sport devenu universel qui permet aux faibles d'en imposer aux forts. Essayant de bâtir une éducation collective, il adhère à la pensée universelle – et féministe – de l'Anglais John Stuart Mill, aux opinions sur l'éducation pour tous d'Octave Gréard, et fréquente Ferdinand Buisson, un "Français républicain, franc-maçon, dreyfusard, protecteur de la laïcité". Il correspond avec Rabindranath Tagore, poète humaniste, réformateur social et importateur du judo en Inde. Il embrasse un universalisme réel fait de rencontres et d'échanges, et s'oppose au militarisme des années trente en refusant que son sport soit récupéré par le pouvoir impérial. »

Je n'en démords pas. Jigoro Kano part d'un désir individuel et produit un geste collectif : « L'éducation d'une génération s'étend à cent générations », écrit-il, lyrique. Il commence par des projections, des étranglements et des clés de bras pour aller vers une leçon de vie et un rêve commun, formant des judokas qui visent le même accomplissement : se réaliser pour se dédier. On essaie tous, certains matins. Son héritage est infini. Une vision du monde est là, qu'il détaillera lors de sa conférence à l'University of Northern California en 1932 : « Le judo procure de l'émotion et de la beauté. Nous connaissons tous la sensation agréable de nous sentir forts et musclés, celle aussi de nous sentir habiles. Nous éprouvons parfois du plaisir en combat dans le sentiment de supériorité. Mais il y en a un qui vient des belles attitudes que le judo vous offre, de ces mouvements qui ont de la grâce, les vôtres et ceux des autres. Un entraînement physique qui se mêle au plaisir esthétique de ces mouvements qui symbolisent des idées variées, voilà ce qui constitue ce que j'appelle l'émotion et la beauté du Judo. »

En 1937, la guerre sino-japonaise fait rage, le Japon a quitté la Société des Nations, et jusque dans les rangs impériaux, on doute de l'opportunité de pratiquer le sport quand les militaires veulent faire parler la poudre. L'Angleterre et la Finlande réclament l'annulation de la candidature japonaise. Le Japon demande à Kano, que ses pairs respectent, qu'il vienne plaider sa cause lors de l'assemblée générale du CIO au Caire en mars 1938. Malgré une santé défaillante, Kano accepte. En février, il quitte Yokohama pour l'Égypte. Ce sera son dernier voyage.

25

Maître et élèves (devenir professeur)

Après un bac préparé au petit trot au lycée Marcel-Sembat de Vénissieux (un député socialiste), non sans avoir tenté de le rater pour ne pas quitter mes copains redoublants, je suis entré à la fac de sciences de Lyon-1, sur le campus de Villeurbanne, au début de l'année universitaire 1978-1979. Je m'y suis vite ennuyé, la biologie n'exerçant aucune séduction sur moi quand, sur ma table de chevet, s'empilaient les revues de cinéma, les essais sur l'expressionnisme allemand et les encyclopédies du western. Le premier trimestre s'acheva avec un spectaculaire 4,26 de moyenne générale et un seul verdict : je n'étais pas fait pour ça.

À partir de janvier et à l'insu de mes parents, je changeai de programme : cinéma la journée et judo le soir. En septembre, j'avais retrouvé Alain Lherbette, qui avait repris des études et fréquentait les bancs de l'université avec le même désenchantement. Judoka lui aussi, je le connaissais peu. Plus âgé, il se flattait d'un passé prestigieux de compétiteur et ses titres nationaux m'impressionnaient autant qu'une noble attitude qu'il promenait en toutes circonstances. Sortant à peine des juniors, je ne l'avais jamais affronté. Alain pratiquait un judo très pur, cherchant le ippon à chaque combat, dans un appétit de victoire qui allait grandissant quand il était au milieu des judokas de Givors, son club d'origine. Un endroit spécial, Givors, à l'écart de tout, coincé entre vallée du Rhône et route du mont Pilat, sans la réputation des communes voisines d'Ampuis et de Saint-Cyr-sur-Rhône, où les vignes de côte-rôtie s'épanchent sur les coteaux fortement pentus qu'on aperçoit depuis l'autoroute du Sud. Juste une petite ville ouvrière, bref la banlieue de la banlieue de Lyon. « Même Saint-Étienne est plus jolie », disait-on quand on voulait les énerver : car, à Givors, il y avait surtout les judokas de Givors, des bagarreurs, des gagneurs, des filous quand ils jouaient avec les règles, se regroupaient à la pesée pour alléger un camarade en le tirant vers le haut par la ceinture afin qu'il fasse le poids, s'encourageant d'une manière un peu voyoute, influençant les arbitres, chambrant les autres combattants. Il y avait chez eux une passion contagieuse. À part Alain Lherbette, qui était un styliste, le club ne faisait pas toujours dans le « beau judo » mais compensait ses handicaps par un sens de la compétition, de l'entraînement, de la diététique et par une force collective telle qu'ils auraient conduit un cheval de labour à gagner des courses de galop. C'est à Givors qu'a grandi Djamel Bouras, médaille d'or olympique à Atlanta en 1996 dans les –78 kilos, un garçon dégingandé devenu un grand judoka, ce que ses débuts ne laissaient pas deviner : « Ben non, il était de Givors », disait-on pour se moquer.

Alain Lherbette allait beaucoup compter cette année-là. Peu disert, tout ce qu'il disait avait du poids et son affection n'était pas feinte. Parfois il me lançait : « Tu as l'intelligence du combat, tu comprendras le reste », la phrase qui fait un bien fou. Pour se déculpabiliser de déserter les amphis, on décida de s'entraîner ensemble. Nous arrivions à la fac le matin pour faire acte de présence mais la quittions vite courir au parc de Parilly dont je connaissais chaque recoin. Alain gardait du judo à l'ancienne quelques méthodes empiriques, des techniques qui nous faisaient nous empoigner l'un l'autre devant des promeneurs éberlués, la sudisette mouillée par la sueur du kimono lui-même caché par de gros survêtements en laine, à enchaîner les uchi-komis pour améliorer notre vitesse et les prises de kumi-kata pour s'affermir les doigts. Jamais je ne m'étais autant entraîné de ma vie. Un programme centré sur le seul judo : la musculation, c'était pour les bœufs, nous, on avait la science dans les bras, la méthode dans la tête et le style dans le sang – ça ne rapporte pas toujours, l'obsession du beau geste, mais on préférait.

Avec Alain, on ne se quittait plus. Toujours inscrits en fac, nous n'avions pas l'intention de passer le moindre examen. En revanche, nous décidâmes de disputer les compétitions universitaires : ça serait notre manière de faire honneur à notre carte d'étudiant. Pour la première fois, on s'affronta dans la même catégorie. Non sans réussite : aux épreuves régionales intermédiaires, nous nous étions classés premier et deuxième, après qu'Alain m'eut sauvé la mise en perdant délibérément un combat car un faux pas dans mon propre tableau aurait pu m'éliminer – le geste m'avait sidéré, pour un gagneur comme lui. Nos entraînements à la cloche de bois payaient, nous étions qualifiés pour la suite, représentants d'une université qui ne se souvenait plus de nous.

Les championnats de France se disputaient à Montpellier. Moi qui perdais mes moyens ailleurs qu'à Lyon, je me sentis d'emblée dans une belle journée, grâce à Alain qui m'encourageait. De son côté, il alignait les victoires, et je fis de même jusqu'à la finale qui nous opposa l'un à l'autre. Il gagna, il m'était supérieur. Sur le podium, j'étais honoré d'être à ses côtés. Ma vie scientifique se terminait par un titre de vice-champion de France universitaire, belle parenthèse enchantée, comme une pesanteur qui s'en allait : ça n'était pas les compétitions fédérales mais c'était un podium national. Nous rentrâmes de très bonne humeur. Les deux étudiants les plus nuls de la fac devinrent un temps les plus célèbres, deux cancres qui n'encombrèrent pas de leur présence les rangs des amphithéâtres mais avaient porté la bannière de l'université Lyon-1 plus haut que ne le feraient les premiers de la classe qui nous humiliaient chaque jour de leur prestige et de leur intelligence.

Ces bouffées d'autosatisfaction ne pesaient pas, emportées par le retour à l'étude et le besoin de sérieux. Alain gagnait sa vie en enseignant le judo. Sa liberté était un rêve. Quelques mois après les championnats de France, ce fut cette blessure au genou, qui m'obligea à renoncer à la compétition pendant plusieurs années. Je décidai de devenir professeur : à Saint-Fons, Raymond Redon m'utilisait comme uke et me confiait l'échauffement des compétiteurs, mes premiers pas au centre du tapis, sans faux-semblants ni vanité. Je dirigeais aussi certains cours où je démontrais aux ceintures noires mes enchaînements préférés ou telle série du nage-no-kata. À la fin de la saison 1978-1979, il m'indiqua que Chaponnay, un petit village du sud de Lyon, cherchait un remplaçant à Joseph Carrel-Billard, un militaire revenu d'une vie d'exilé qui s'était réinstallé dans sa région d'origine. Il avait fondé un petit dojo et voulait passer la main. Je m'empressai d'accepter. En septembre 1979, je posai mon sac au sous-sol d'une salle des mariages, dans un lieu sans vestiaires ni douches et avec grilles aux fenêtres. Il me fallait passer mes diplômes.

En France aussi, il y a des trésors vivants, comme au Japon ces artisans dont le savoir irremplaçable oblige à la considération des cadets et la reconnaissance de la nation. J'en ai rencontré dans ma vie de judoka, mais Georges Baudot tient une place particulière : il a fait de moi un professeur. Patron de l'école des cadres de Lyon, il veillait jalousement sur une dizaine d'élèves qu'il réunissait chaque samedi dans une ambiance d'étude et de recueillement. Il était l'un des hauts gradés du judo français mais n'en laissait rien paraître : à la ville, avec sa raie sur le côté, sa moustache et ses fines lunettes, on aurait dit un représentant de chez Manufrance – je dis ça parce qu'il était de Saint-Étienne. Sur le tapis, c'était un empereur, l'un de ces daimyos du XVIe siècle qu'on voit dans les films japonais. Baudot parlait du judo comme s'il l'avait découvert et, d'une certaine manière, c'était vrai. On se disait qu'il avait connu Jigoro Kano car il était parti très tôt pour le Kodokan, perpétuant de ses multiples séjours dans l'empire du Soleil-Levant la pureté des origines et une simplicité dans la rigueur – ou le contraire. Ses anciens élèves l'idolâtraient comme je le ferai à mon tour. Sa pédagogie était faite de peu de mots prononcés d'une voix douce, d'un regard sévère et de quelques gestes : il avait une forme de corps parfaite qu'un léger embonpoint dû à l'âge n'altérait aucunement. Je lisais Marc Bloch et *L'Étrange Défaite*, qui m'apprit comme lui la distinction entre le dressage (infligé) et la discipline (assumée). C'est ainsi que, pendant dix mois, ceux du basculement vers les années quatre-vingt, ce maître des maîtres, qui avait été celui de Raymond Redon, devint mon troisième inspirateur et me conduisit jusqu'au diplôme de professeur de judo.

En septembre 1979, c'est le moment où je commençai à vivre seul à la ZUP. Mes parents rentrés en Dauphiné, je ne quittai pas les Minguettes. Après la désastreuse première année universitaire, j'avais été aisément admis à l'UEREPS de Strasbourg en section Judo mais j'avais renoncé – cela m'aurait éloigné de Lyon. Comme l'IDHEC était un rêve inaccessible, je me dirigeai vers l'université Lyon-2 pour suivre l'enseignement de cinéma de Jacques Aumont et Jean-Louis Leutrat. Je ne savais rien du métier d'historien, encore moins que cela me mènerait à des recherches de troisième cycle et à rencontrer Yves Bongarçon, avec qui on allait au cours de sémiologie. Nous étions en pleine gloire de cette discipline assommante à laquelle je ne comprenais rien et qui ne m'aimait pas non plus. On trouvait même plus pointu : la *narratologie*, ce qui faisait s'esclaffer Bernard Chardère, qui s'installait à l'Institut Lumière : « Alors tous les cours commencent par "Il était une fois" ? » Il fallait bien rire un peu. Aujourd'hui, je me surprends à relire avec gourmandise les textes brillants de Christian Metz dont je ne supportais alors pas que ses zélateurs sinistres et froids m'éloignent de la saveur des films de Scola et de Lumet.

Installée dans un campus moderne à côté du parc de Parilly où je courais l'année d'avant avec Alain Lherbette, la fac de Bron possédait une bibliothèque ouverte jusqu'à minuit et un vaste amphi où des films étaient projetés chaque jour à l'heure du déjeuner. Je bachotais, la vie littéraire me plaisait, je dévorais Chandler et Fitzgerald et me donnais des airs en lisant *La Nausée*, disparaissant des week-ends entiers, mimant la solitude d'Antoine Roquentin par de longues promenades nocturnes avec Changa, une chienne noire, belle et perdue que Jorge Burgos avait baptisée de ce surnom qu'on donne aux jeunes filles à San Miguel de Tucuman. J'étais seul mais j'étais libre. Souvent désœuvré, je faisais beaucoup de judo et ne vivais que pour le lancement de Radio Canut, dont les émetteurs étaient secrètement disposés aux Minguettes et à la Croix-Rousse, collines éloignées de la préfecture permettant de gagner du temps sur la police qui s'opposait avec zèle à ces radios fières et illégales. Avec Luc Mathieu, nous y animions un programme de cinéma à l'assurance naïve qui commençait par *Le Chant des Canuts* (« Mais notre règne arrivera quand votre règne finira… ») et se terminait par une pochade d'Higelin, *Demain, ça s'ra vachement mieux*.

À l'école des cadres, l'entrée était plus difficile que dans les boîtes de nuit des quais de Saône de Lyon, que nous ne fréquentions pas de toute façon. J'y fus admis en même temps que Lionel Girard, Alain Abello et Philippe Darroux que je connaissais depuis l'enfance. Cet heureux hasard n'en était pas un, nous avions la même envie : renouveler notre judo en l'enseignant, loin de la rivalité de jeunes combattants fiévreux, ne plus s'affronter, simplement s'apaiser dans la pédagogie et diriger des clubs dans notre quartier. Pendant un an, nous allions former un quatuor de première.

La méthode Baudot sonnait comme une évidence et une menace : « Vous travaillez, vous y arriverez. » C'était le contrat. Il puisait dans des cahiers soigneusement classés de quoi faire de chaque élève le meilleur des senseis. Katas, *te-waza*, *katame-waza*, théorie, biologie, mécanique musculaire, acide lactique, endurance, résistance, arbitrage, sécurité : le programme était copieux. Nous prenions des cours de médecine, de droit, on nous apprenait les conditions d'exercice de la légitime défense et ses limites légales reposant sur la proportionnalité – ça s'est perdu, dans la police des manifs.

Nous avions arpenté les tapis du pays, nous touchions notre bille, mais reprenions le judo à zéro. Et ça allait plus loin : c'est là que j'apprendrai à m'exprimer en public. J'avais le goût pour les mots, j'avais fait des colos d'enfants, de la radio, et mes héros de cinéma étaient ceux qui parlaient tout le temps – Richard Dreyfuss, Louis Jouvet ou Sacha Guitry, dont je faisais grande consommation. « Articulez ! » s'exclamait Georges Baudot quand il nous plaçait au centre du tapis en exigeant illico qu'on démontrât toutes les possibilités d'enchaînement sur ô-uchi-gari. « Personne ne vous entend ! » ajoutait-il pour les timides incapables de hausser le ton. Il fallait se jeter dans le vide, improviser, poser sa voix. Depuis, mon métier m'offre souvent l'occasion de prendre la parole et, si jamais on me trouve quelques qualités en la matière, c'est à l'école des cadres que je les ai acquises.

Certains jours, comme maître Baudot pointait impitoyablement nos lacunes, on devait s'accrocher et faire face à de cinglantes remontrances. On s'en accommodait : l'école des cadres, c'était Normale sup et Sciences-Po mélangées. De sorte qu'au bout d'une saison nous étions comme neufs, théories de l'éducation apprises, gestuelle repensée, moteur révisé dans la quintessence des engagements que nous avions pris enfants vis-à-vis du judo. Loin de la compétition, alors que Thierry Rey que je suivais avec admiration devenait champion du monde, les gammes sans cesse réinterprétées sous la baguette du maître nous ramenaient à l'essentiel : apprendre et transmettre.

Après une année studieuse où je testais à Chaponnay les formes d'éducation découvertes à l'école, nous nous retrouvâmes en juin 1980 pour deux jours au CREPS de Boulouris à Saint-Raphaël, où se déroulerait l'examen. La longue équipée en voiture et les heures de route n'épuisèrent pas nos conversations sur le sport, la politique et toutes ces aventures que nos vingt ans savaient trouver au coin de la rue. J'aimais avoir le dernier mot, parfois jusqu'à la querelle. J'étais ingénu aussi, un vrai provincial, mais que je me rendisse compte de ce qui m'était promis ou non ne m'empêchait pas d'en évaluer raisonnablement la faisabilité : être prof de judo, par exemple, futur métier pour lequel je me sentais fait. Les dirigeants de Chaponnay m'avaient assuré que, diplôme ou non, ils me conserveraient. Une confiance qui augmenta la mienne. La descente dans la chaleur du sud animée par la rencontre avec deux autostoppeuses et de multiples arrêts dans les stations-service fut rythmée par les chansons : Philippe Darroux, qui était guitariste, ne jurait que par Brassens ; Alain Abello, un surfeur, par Dire Straits ; moi, je leur faisais écouter en boucle *Quand t'es dans le désert* parce que je me préparais à traverser l'Algérie pour rejoindre Abidjan dans un vieux Ford Transit.

Aux yeux des examinateurs fédéraux, les élèves du professeur Baudot se différenciaient des autres. Aucun favoritisme mais quelque chose d'un respect, d'une attente. Sur les rivages méditerranéens, notre hiver studieux paya, avec l'exécution avec Philippe d'un nage-no-kata d'anthologie : nous fûmes tous les quatre reçus haut la main. On rentra à Lyon comme si on rapportait la coupe de France, acclamés du balcon de la mairie place des Terreaux par la foule des judokas de la ville.

Diriger officiellement un club avec certificat cloué au mur renvoie à la première fois où l'on a revêtu un judogi, ce mélange de trac et d'excitation où l'on s'est senti envahi par une sensation d'imposture. Pour être un bon professeur, certaines vertus sont nécessaires : apprécier les enfants comme s'ils étaient les vôtres : pas facile, on tombe toujours sur d'insupportables marmots, ceux-là mêmes dont l'absence émeut l'année d'après quand on apprend qu'ils ont déménagé ; s'exprimer avec éloquence, expliquer avec persévérance et corriger avec bienveillance – il sera toujours temps d'y ajouter son propre style, comme Raymond Goethals, l'entraîneur belge de l'Olympique de Marseille qui ne savait pas prononcer les noms de ses joueurs sans les écorcher, ou Philippe Lucas, l'extravagant coach de Laure Manaudou qui engueulait la championne olympique comme si elle débarquait débutante dans sa piscine ; être un judoka respecté de ses pairs, auréolé de quelques titres de gloire et ne pas faiblir même devant le plus doué d'entre ses élèves – rapidement, on comprend toutefois que le statut de champion ne sert qu'à épater les mamans : une vie réelle, ça pose votre combattant, sans aller comme Raymond Redon jusqu'à se faire dessiner sur l'avant-bras un tatouage mystérieux, à l'époque où c'était un sceau réservé aux taulards et aux marins. Dernière exigence : avoir un kimono qui a de l'*histoire* ; le choisir d'une provenance rare et offrant une allure qui rend inaccessible. Ainsi, même la plus violente des chutes n'entamera jamais votre élégance. Pour le reste, un professeur de judo dûment formé dispose d'un protocole précis pour amener n'importe qui ayant un minimum d'envie jusqu'à la ceinture noire, comme pour veiller avec indulgence sur les sous-doués – il y en a aussi.

Chaque mois de septembre, mais désormais comme professeur, je retrouvais le dojo. Enseigner le judo était une nouvelle manière d'en faire. Dans la solitude et le devoir, j'adorais arriver le premier dans la salle pour la préparer et la rendre hospitalière, comme j'aimais rester après les cours, retarder le moment de l'extinction des feux. C'était mon tour de procéder au salut collectif : « Attitude… *Rei !* » Je respectais les traditions et j'innovais avec des échauffements en musique, des séquences de foot et des concours de chutes qui faisaient un vacarme de tous les diables, fous rires compris.

J'aimais l'indépendance d'esprit que le judo permettait, cette démocratie et ce protocole secret qui faisait aux virtuoses le même sort qu'aux laborieux.

Dans les entraînements d'adultes se côtoyaient l'ouvrier et le manager, le syndicaliste et le vieux réac, le haut fonctionnaire et l'étudiant, l'ingénieur et le commerçant, le Français et l'immigré – on disait « immigré » dans ces années-là. Chacun avait fait l'expérience de se sentir à la fois ridicule et grand, et en avait saisi les limites. J'ai vu des judokas être les rois dans leur métier et désirer simplement l'anonymat du tapis, de l'apprentissage et de l'humble condition d'uke, à chuter et chuter encore.

Les familles n'entraient pas dans le dojo, l'époque laissait ses enfants s'inventer une vie à eux et protégeait les éducateurs. Aucun parent pour critiquer le maître, contester une défaite, refuser les codes et les coups pour réclamer plus de caresses et de facilités. Le sport forme au tangible et à une vie différente, exige de consentir à l'inconnu, du Yannick Noah qui arrive du Cameroun à onze ans au Mike Tyson qui au même âge tombe sur Cus d'Amato qui l'emmènera au titre mondial. Mes élèves s'appelaient Sophie, Bruno, Sylvie, Nathalie, Franck, Sylvana, Guy ou Antony et, après une journée d'archives, j'avais hâte de les retrouver. Pour gonfler les rangs du club, j'allais jusqu'à enrôler les amis de la ZUP, dont certains, peu doués, obtinrent la ceinture jaune. « Et encore, par piston ! » me rappelle Luc Mathieu, mon copain de projections.

Toute mon existence tournait autour du judo, conviction indestructible et passion fixe comme un refuge de haute montagne qu'aucune tempête ne peut fragiliser. Le week-end, nous partions en tournois, en stages d'entraînement et, pendant les vacances, à des rassemblements à Chamonix où l'on s'oxygénait pour le reste de la saison. Quand l'envie d'en découdre revenait, j'enchaînais les grades pour impressionner mes élèves et me convaincre une dernière fois que, si j'avais voulu, j'aurais pu, et que je n'étais pas un champion perdu.

Être professeur de judo ou se destiner à la recherche était une manière de peser sur le monde, même si cela se réduisait à un village, un sujet de thèse. C'était s'impliquer dans l'action publique comme les enseignants et les dirigeants de club, tant de femmes et d'hommes de la France réelle. Moi, le fils de mes parents fidèles à des combats de tous ordres, je trouvais mon propre engagement dans la charge éducative de deux cents élèves qui comptaient sur moi pour tout leur dire sur uchi-mata et sur une fédération de judo de cinq cent mille licenciés qui veillait sur tout ça. Chaque jour, j'ouvrais les portes à 17 heures et les fermais à 21 h 30. Pendant ce temps, trois cours : petits, moyens et grands. Avant et après, j'allais (rarement) à la fac et (souvent) au cinéma – les séances de 22 h 30 dans le centre commercial de La Part-Dieu vide étaient mes préférées. Je vivais au rythme des saisons sportives et des rentrées scolaires, et quelles qu'aient été mes journées, toutes ces années, j'avais une certitude : le soir, je ferais du judo.

À vingt ans, je ne prolongeais pas artificiellement ma jeunesse, au contraire, je construisais un club en saisissant ce qui devenait le plus important : la beauté de transmettre. J'entrais dans la vie. La cinéphilie m'en offrirait une autre, dont j'apprendrais qu'elle est tout aussi éternelle. Et tout autant affaire de passation. Si je n'avais pas été happé ailleurs, je n'aurais pas fait d'autre choix, comme je serais resté cinémathécaire rue du Premier-Film. Chez les paysans, les choses demeuraient au même endroit et pour toujours. On ne parlait pas de décroissance, c'était plutôt de la non-croissance. Mesurer ce qu'on a. Tu feras comme les tiens. Et il y avait assez à faire. Au milieu des années quatre-vingt, Raymond Redon m'a demandé de prendre en charge les ceintures noires à Saint-Fons. Diriger le club où l'on a grandi relevait d'un aboutissement dont l'évidence m'empêchait de mesurer la portée – je peux le faire aujourd'hui. Puis Bernard Chardère m'a demandé de lui succéder à l'Institut Lumière et Gilles Jacob au Festival de Cannes. Léo Ferré avait fière allure quand il récrivait *La Marseillaise* dans *Il n'y a plus rien* : « Nous entrerons dans la carrière quand nous aurons cassé la gueule à nos aînés », mais ça n'était pas pour nous. Nous étions une génération de cadets. Nous voulions aller au gré du vent, sans brutaliser personne, en laissant une trace légère.

26

Jigoro Kano est mort

« Le professeur Kano est de retour au Kodokan mais il ne va pas bien », écrit Sarah Mayer le 12 septembre 1934. Cette jeune femme blonde, qu'on va prendre le temps de présenter, est une fille de comédiens anglais que la vie d'artiste et la haute société victorienne n'apaisent pas, une boule d'énergie au visage d'ange qui s'inscrit au Budokwai de Londres. Comme tous ceux dont nous parlons dans ce livre, le judo devient le centre de son existence. Se marier à un négociant en bois, M. Sills Gibbons, puis à un avocat, Robert Mayer, dont on a du mal à comprendre le rôle, sans doute celui de lui donner sa liberté, ne l'empêche pas de partir pour le Tibet, la Chine et le Japon où elle aborde Kobé dans une embarcation marchande dont elle est la seule passagère. Nous sommes au début des années trente. Émancipée, de la suite dans les idées, elle reprend le judo au Butokuden, un club que fréquentent de nombreux policiers, qui la regardent avec stupéfaction.

Elle étudie la langue, apprend à faire des bouquets, multiplie les bains brûlants ponctués de ces jets d'eau glacée qu'on se verse sur le corps. D'allure princière, elle s'endurcit : « Maître Yamamoto ne me traite plus comme si j'étais un délicat morceau de porcelaine, écrit-elle le 27 juin 1934 à Gunji Koizumi, son professeur en Grande-Bretagne. J'ai l'impression d'être dans les pattes d'un éléphant espiègle ! Il semblait étonné que je ne refuse pas d'aller au sol : je lui ai dit que je ne me considérais pas comme ayant des relations sexuelles quand je faisais du judo ! Mais je me repens de ma témérité car il ne montre aucune pitié. » On lui enseigne comment pousser le *kiai*, ce cri qui tue et libère, elle en ressent « un mal de gorge très intense » alors que de sa poitrine ne sort que « le jappement d'un tout petit chien ». Elle souffre, se blesse à la main, à la cheville, se casse la clavicule, soigne ses ecchymoses et ses écorchures. « Parfois, j'aimerais être à des milliers de kilomètres, mais je ne suis pas aussi fragile que je le pensais », se rassure-t-elle.

Elle visite l'archipel en train, se baigne dans les lacs du mont Fuji et les sources d'eau chaude de la ville voisine d'Atami. À Kyoto, elle rejoint un cercle d'anciens élèves du Kodokan ; à Osaka, elle affronte un typhon. Elle arrive à Tokyo en septembre 1934. À chaque destination, elle s'assure qu'elle pourra pratiquer le judo. « Comme ces marins qui ont une femme dans chaque port, j'ai un judogi dans chaque dojo, poursuit-elle. Heureusement, ça ne coûte que quelques yens. » Elle rencontre deux futurs 10e dan : Hajime Isogaï, qui la « dépose avec tendresse sur le tapis », et Kyuzo Mifune, celui qui accueillera Yves Klein et qui la trimballe sur le tatami comme si elle était « un ballon en caoutchouc indien ». On l'invite à des fêtes où le saké coule à flots, elle écrit des articles dont l'un, réservé, sur le judo féminin : « Les filles sont trop polies les unes envers les autres. » Il n'y a que des vestiaires d'hommes, elle se méfie de toute séduction, des tentatives de baisers, n'est pas dupe de la misogynie ambiante. Elle finit par s'entraîner au Kodokan et rencontre Jigoro Kano dont, dans une lettre datée du 30 septembre 1934, elle trace le portrait : « En sa présence, tout le monde est impressionné et je me sentais moi-même nerveuse. Je m'attendais à rencontrer quelqu'un de distant mais j'ai trouvé un vieux monsieur charmant avec des manières européennes. Il m'a accueillie chaleureusement et m'a fait me sentir tout à fait chez moi. Il m'a conseillé de pratiquer où je voulais avec toute personne détenant un diplôme. » Il faudrait publier la correspondance de Sarah Mayer.

Sur Jigoro Kano, elle poursuit : « Il a insisté sur l'importance des katas et m'a dit se tenir à ma disposition pour explorer les questions d'éthique. Je lui ai dit que je m'intéressais autant au côté philosophique qu'à la pratique réelle. Cela lui a plu. »

Le 23 février 1935 (ou le 27, les sources diffèrent), elle est la première femme non japonaise à obtenir le grade suprême. « Une étrangère devient ceinture noire », titre le *Japanese Times.*

Quelques mois plus tôt, elle a écrit : « Le professeur Kano est de retour au Kodokan mais il ne va pas bien. Il a des calculs dans les reins. Les gens ont l'air de penser qu'il ne vivra plus encore très longtemps. »

Jigoro Kano ne se ménage pas. Pas une ville étrangère où il n'étudie les systèmes d'éducation ou ne donne des conférences : Copenhague, Prague, Amsterdam, Shanghai, Genève pour la Société des Nations, Paris pour une rencontre avec Pierre de Coubertin et une projection à l'École des arts et métiers de ses films sur le randori et les katas. À Londres, le Budokwai l'accueille : les clubs du monde entier veulent leur démonstration. En 1933, c'est par le train qu'il revient en Europe, via la Chine et l'Union soviétique ; l'année suivante, par le bateau, départ Yokohama, escale à Athènes, et les capitales les unes après les autres. À l'été 1936, le retour à Berlin pour la 11e Olympiade est suivi par la Pologne, la Roumanie et le Royaume-Uni. Il ne rentre à Tokyo qu'en novembre, après un crochet par les États-Unis.

Au Japon, il est un dieu vivant, sur les photos, on dirait un souverain et, partout, il est traité comme un ambassadeur. Normal : cet homme grand comme un jockey, comme l'écrit Jean Echenoz de Maurice Ravel, *a inventé un sport*. Ils ne sont pas si nombreux, dans l'histoire du monde. Son caractère fait le reste : courtois, paisible, responsable, un brin d'étrangeté dissimulée derrière un comportement impossible. Un judoka. Car lorsqu'il quitte l'habit traditionnel ou le costume occidental (et parfois les deux : un chapeau sur un kimono), c'est pour endosser le judogi. Il n'aime qu'imaginer le futur, se projeter dans l'après-judo. Mais, en ce mois de février 1938 où il reprend une nouvelle fois la mer, il se sent épuisé. Être Jigoro Kano est une charge.

Cependant, il doit convaincre le Comité international olympique de ne pas renoncer aux 12e Jeux promis à Tokyo. Ça sera encore une affaire de traversée, temps humide, immenses nuages et haute mer. Il quitte Yokohama dans l'après-midi du 21 février 1938. « Il se tenait le long du garde-fou, écrit Yokoyama Kendo, un ancien élève. Il esquissait un sourire. C'est l'ultime impression qui m'est restée du maître en son pays. » Jigoro Kano aura bientôt soixante-dix-huit ans.

C'est son douzième long séjour hors du Japon. En écrivant à ses cinq filles et ses deux garçons (l'aîné, Rishin, est mort en 1934), il se met à rêver du jour où cette existence s'arrêtera, où il reprendra sérieusement l'étude de la calligraphie, cette autre souplesse de l'esprit et des mains, cette autre voie, cette autre méditation. En marchant sur le pont supérieur, tandis que l'archipel s'éloigne à l'horizon arrière, il repense à la célébration du cinquantenaire du Kodokan où tout le gouvernement de l'empereur s'est pressé, à cette scène avec son vieux compagnon Yoshitsugu Yamashita, dont la voix cassée, raconte Sarah Mayer, a tant ému. Disparu juste après, Yamashita formait le clan des « quatre gardiens du Kodokan » avec Tsunejiro Tomita, la première ceinture noire, Sakujiro Yokohama, le monstre, crâne dégarni et moustache en crocs, et Shiro Saigo, le septième élève, le plus roué, le plus doué. Tous sont morts avant lui. C'est avec eux qu'il a connu les *dojo yaburi*, ces batailles rangées qui fleurissaient à Tokyo pour « casser du dojo », humilier les nouveaux venus, comme ces judokas du Kodokan. Le judo avait des ennemis. Dans de brutales confrontations qui pouvaient finir dans la rue, on flirtait avec un genre de « Sors si tu es un homme », auquel s'ajoutait un « Sors si tu es japonais », tant sa vision du futur mettait Kano dans le camp des traîtres à l'histoire de la nation. Les joutes commençaient par les insultes et se terminaient dans la violence, avec des hommes se pourchassant comme des bêtes et les perdants embarqués sur des civières. La méthode Kano s'imposa, le Kodokan suscita de la jalousie mais gagna toujours et s'étendit à tout le pays.

Le défi le plus célèbre fut celui lancé par l'école Yoshin-ryu et son directeur Hikosuke Totsuka, au milieu des années 1880. La compétition eut lieu au sanctuaire Yayoi à Shiba Park. Yoshitsugu Yamashita avait *hiza-guruma*, « roue autour du genou », Sakujiro Yokohama se débarrassait de ses adversaires en les étranglant, Tsunejiro Tomita les envoyait contre les parois d'un sutemi efficace. Shiro Saigo était invincible, les enfants chantaient sa gloire dans les rues, nul ne fit autant que lui pour imposer la supériorité du judo, surtout quand il battit Matsugoro Okuda, qui faisait trois fois son poids et dont il se joua avec aisance, en chat sauvage qu'il était. Reconnaissant la défaite de son clan, Totsuka déclara : « Le mot "génie" a été créé pour Shiro Saigo. » Kano se souvient de son caractère obstiné et indompté qui le fit quitter le Kodokan jeune et plein de gloire. Quinze ans qu'il est mort. Le vieux maître est soulagé de lui avoir octroyé le 6e dan à titre posthume.

Kano accoste à Singapour. Il y avait là-bas les premiers avions commerciaux : il décolle pour Alexandrie, d'où il rejoint Le Caire. Deux ans après l'attribution des Jeux de 1940 au Japon, ils sont nombreux à penser que la paisible Helsinki est un meilleur choix que la belliciste Tokyo. Dans un discours aux accents de fin du monde, avec l'autorité de celui qui connaît les secrets de *taï-otoshi* en cercle, Kano dresse devant les membres du CIO un plaidoyer en faveur de l'Asie et démontre l'effet pacifique qu'aurait l'olympisme dans cette région du monde. Il l'emporte : Tokyo accueillera les Jeux. Le 20 mars 1938, depuis Le Caire, Kano transmet à la radio l'information à ses compatriotes. C'est une victoire internationale pour le Japon et un triomphe personnel pour lui. Sur les photos, on le voit sourire.

Après l'assemblée générale, il passe de l'autre côté de la mer. Athènes célèbre Pierre de Coubertin, qui vient de mourir – décidément, tout un monde s'écroule. Dernière volonté du refondateur des Jeux : que son cœur soit déposé dans une stèle à proximité de l'Académie olympique, sur le site d'Olympie, à trois cents kilomètres d'Athènes – celle devant laquelle, depuis 1948, le premier relayeur de la flamme olympique observe un temps d'arrêt. Nous sommes le 26 mars 1938 et revenir en Grèce ravit Kano, passionné d'Antiquité. Le lendemain, il est à Paris pour annoncer la création d'une fédération internationale de judo, rencontre l'ambassadeur du Japon, Sugimura Yotaro – ses anciens élèves sont partout. L'histoire du judo aura été faite d'une fraternité que Kano avait théorisée dans un texte : *Jita yuwa kyoei* (« Prospérité mutuelle et harmonie pour soi et les autres »). Pas un entraîneur pour l'oublier : l'harmonie d'un groupe naît de l'entraide et de concessions réciproques. Mieux : on ne progresse pas soi-même si les autres ne progressent pas aussi. Ça a l'air simple, comme ça. Les sports collectifs le revendiquent ; les judokas, ça se sait moins – comme pour la bombance : Kano n'était pas un fêtard mais qu'importe, les judokas aussi feront la nuit jusqu'au petit matin, avant de s'infliger un footing sévère dans les rues des villes. *Jita yuwa kyoei*, ça marche pour la vie d'équipe : le judo était plus qu'un art martial et il était plus qu'un sport, mené par ces nouveaux maîtres des dojos qui tous sont ses fils : « Ce sont de drôles de pédagogues, écrit Philippe Murray à propos des écrivains. Ce sont des enseignants insaisissables, des professeurs sans chaire d'histoire comparée des religions contemporaines. C'est par eux qu'on voit se succéder les figures du sacré moderne... » Murray l'aurait su, il l'aurait appliqué aux judokas. Je le fais là.

À Paris, sur le tapis, Kano peste contre ce qu'il ne peut plus faire, ce kumi-kata qui n'est plus ferme, ces combinaisons qui ne sont plus aussi fluides, alors que ses formes de corps demeurent parfaites. Il enseigne de nouvelles techniques devant le judo français réuni au Jujutsu Club de France dont il est le parrain : Kawaishi et Feldenkrais, bien sûr, peut-être le peintre Foujita qui était judoka comme Frédéric Joliot-Curie ou Jean Zay, le ministre de l'Éducation et futur cofondateur du Festival de Cannes, qui s'y intéressait. Dans un coin du tapis, il y a un jeune combattant fougueux, Jean De Herdt, qui recevra une ceinture noire et deviendra le premier des Français. Ce soir-là, c'est lui qui sert de partenaire au vieux maître que tout Paris vient observer.

Après la France, Jigoro Kano embarque pour l'Amérique. Le 17 avril 1938, il est sur le tapis du New York Dojo, remet des grades. Puis il attrape le vol United Airlines DC-3 pour Chicago où il dîne avec des membres du Yudanshakai, le club local, au restaurant de Ken Gyokko, un de ces Japonais d'Amérique pas encore considérés comme des ennemis d'État mais qu'Hollywood caricature déjà allègrement – Clint Eastwood, un jour, réglera tout ça dans *Lettres d'Iwo Jima*. À Seattle et Vancouver, Kano rencontre le consul et encore des judokas : « Sous son chapeau, c'était bel et bien l'homme dont la photo orne le mur des clubs du monde entier », racontera Frank Moritsugu, du Kido-kan Dojo.

Cinq jours plus tard, il repart pour le Japon à bord de *La Reine du Pacifique*, ce NYK Hikawa Maru à la belle esthétique Art déco qui reliait le nord de la côte Ouest et Yokohama, et que Chaplin rendit célèbre lors du tour du monde qu'il effectua en 1932 après la sortie des *Lumières de la ville*. La traversée dure une vingtaine de jours. Kano écrit à Shimomura Hiroshi, qui lui a succédé comme président de l'Association des sports du Japon. Il ne dissimule pas son inquiétude : ne s'égare-t-on pas à penser que le Japon peut organiser les Jeux ? Le pays est en guerre, qui va s'intéresser à des épreuves sportives ? Il l'a définitivement compris en Europe : la rivalité des nations et les projets d'Hitler feront un sinistre alliage, jusque dans ce ciel du Pacifique, où des nuages noirs promettent un orage tragique au-dessus de l'Asie.

Quand il sort de sa cabine, ses compatriotes le reconnaissent, les promeneurs remarquent les égards dont il est l'objet. Il dîne à la table des officiers. Mais l'épuisement le guette. Il passe du temps dans sa cabine. Plus silencieux que jamais, il fait ses adieux à l'océan. La passion de la mer ne l'aura jamais quitté. Son long voyage est terminé.

Le 1er mai 1938, dans le carré du capitaine, on s'étonne de son absence. Son entourage évoque une grande pâleur, un malaise intestinal. Le lendemain, il ne peut sortir, le médecin vient à lui, lui applique sur le ventre une préparation à base d'herbes. Le 3 mai, le capitaine demande à son intendant de ne pas quitter la porte de sa chambre. Dans la nuit, son état s'aggrave. Quelques heures plus tard, Kano s'éteint. D'une fluxion de poitrine, ou d'un problème à l'estomac, on ne sait pas. Pas de preuves, de traces ou d'archives. Officiellement : une pneumonie. On dit aussi que son triomphe gênait, que son retour auréolé de gloire serait encombrant pour des militaires japonais dont il contestait la politique, que d'autres opposants ont été assassinés, qu'il a été empoisonné. On dit.

La mort de Jigoro Kano est annoncée à la radio par le capitaine le 4 mai à 5 h 35, heure de Tokyo. « Le maître ne reviendrait pas de l'immensité bleue aux flots flamboyants du profond océan », écrira Yokoyama Kendo, avec un lyrisme digne de celui de John Goodman rendant hommage à Steve Buscemi dans *The Big Lebowski* alors que le vent envoie ses cendres dans la barbe de Jeff Bridges. Kano ne verra pas la baie de Yokohama, où trois mille personnes sont venues exprimer leur deuil. Il ne saura pas que le Japon annulera sa candidature deux mois plus tard, s'engouffrera dans l'horreur et attendra 1964 pour être le premier pays asiatique à accueillir les Jeux. Il ne saura pas que, en 2021, le judo compte quinze millions de pratiquants dans le monde.

Il meurt au printemps, alors que les cerisiers en fleur embellissent le pays. Il est enterré le matin du 9 mai 1938 dans la simplicité de la religion shinto.

27

Casse-tête chinois pour le judoka

Nous quittons Jigoro Kano et lui quitte ce livre où je ne lui voyais pas une telle place. Quand ce projet a été évoqué la première fois, c'était au Café Max, avenue de la Motte-Picquet à Paris. L'éditeur était compréhensif, il n'est pourtant pas judoka ; moi-même, hors l'assurance dont je tentais de me parer, je n'étais pas certain que le sujet valait qu'on lui consacre trois cents pages – j'essayais de l'en convaincre mais est-on toujours sûr des choses ? Pour lui donner une chance de me dire non, j'avais établi à son intention la liste des thèmes à traiter, sujets dont l'exotisme hermétique avait le mérite de la franchise, en un quitte ou double qui lui laissait la possibilité de faire demi-tour. « Eh bien, ça ne me fait pas peur », me répondit-il. Alors que la fin de l'ouvrage approche, il s'impatiente : « Le compte y est. Il va falloir penser à s'arrêter. » Et il me renvoie la liste annotée. Cette énumération, qui n'était qu'un squelette de projet, devient une ultime révision, pour l'auteur – et le lecteur.

Chute avant, chute arrière
Former un élève qui peut te battre
Jigoro Kano
Amitié et prospérité mutuelle
Judogi
Uke et tori
Calmer les impatients, exciter les timides
Akira Kurosawa et La Légende du grand judo
Footings et sudisette
Le judo est un langage
Les CREPS
Uchi-komi
« Loués soient nos seigneurs » : les maîtres
Une bibliothèque judo
Raymond Redon
Championnats d'Europe Lyon 1975
Faire le poids
Ceinture rouge ou blanche
Ernest Verdino
Uchi-mata
Grapping
Shiai et randori
Judo et cinéma
Jean-Luc Rougé, champion du monde
Katas
Kawaishi et les petits Français
L'invention du golden score

Le judo est-il de droite ou de gauche ?
Les « anciens »
Thierry Rey
Les fausses blessures, les bandages et l'intox
Kumi-kata
Moshe Feldenkrais
Teddy Riner
Utiliser la force de l'autre
Yves Klein

Plein de questions restent non résolues : le judo est-il de droite ou de gauche ? Débat de même nature que celui qui agite les Italiens sur la pâte à tartiner Nutella. Et c'était qui, c'était quoi, les semelles de plomb d'Isao Okano, l'influence du sambo sur l'humeur des combattants soviétiques dans les années quatre-vingt, Anton Geesink et les kimonos en couleur ou Shozo Fujii, la gâchette la plus rapide que le judo ait jamais connue et qui disait : « Le judo, c'est la vie ou la mort. » Je désirais parler également de l'amitié dans le sport, les défaites de compagnons qui sont comme votre propre défaite. Les livres sont trop longs et la vie est trop courte.

Surtout, je désirais établir une filmographie complète, en commençant par le film du Hongkongais Johnnie To, *Throw Down*, dont le titre français est tout simplement *Judo*, une histoire de jeunesse qui s'enfuit ; je voulais rappeler que

Louis de Funès a endossé le kimono dans *Les Bons Vivants*, un film à sketches, précisément dans celui réalisé par Georges Lautner ; et que Michel Piccoli a, dans *Nathalie*, fait une prise malencontreuse à Martine Carol, qui a refusé d'être doublée mais qui s'est fait mal au dos, résultat : tournage interrompu. J'aurais aimé parler plus longuement de *Tokyo Joe* de Stuart Heisler qui s'ouvre, sur fond du Japon de l'après-guerre, par la réconciliation d'un américain (Humphrey Bogart) et d'un japonais (Teru Shimada) en un randori de toute beauté (et plein de faux raccords), *Face au soleil levant* d'Edward Dmytryk, tourné en 1943, dans lequel Robert Ryan prouve devant ses camarades exaltés que la boxe est supérieure au judo, histoire de venger l'affront de Pearl Harbor, ou bien encore de Frank Lloyd, réalisateur en 1944 de *Du sang dans le soleil*, sorti au printemps 1945, où James Cagney terrasse un gros méchant Japonais joué par l'acteur John Halloran qui était… australien et dont la grande taille valorise sa vaillance de petit. Rien de japonais dans ce film, sauf le maquillage et ces détestables « Yellowfaces » qui parsèment le cinéma américain de l'époque. Le film ne résiste pas non plus au scalpel de l'analyse des responsabilités mutuelles de l'homme et de l'œuvre : il est inacceptable idéologiquement et son anti-japonisme est patent. Mais il est crédible sur le plan judo. Normal, Cagney et Halloran étaient judokas. Oui, James Cagney, le héros de *White Heat* de Raoul Walsh, était ceinture noire de judo. Les projections, très bien filmées dans un espace clos difficile à éclairer, mêlent grâce et technicité, dans de belles figures de style, même si, à la fin du film, les deux hommes se mettent, sans jamais déchirer leurs uniformes, une bonne peignée qui s'achève avec Cagney bombardant classiquement son adversaire de cinquante et un coups de poing – je les ai comptés.

Enfin, et non sans avoir invité tout le monde à voir *La dialectique peut-elle casser des briques ?*, un film parodique-hommage du situationniste René Viénet avec la voix de Patrick Dewaere, il me faut rappeler ces quelques lignes du *Dernier Samouraï*, d'Edward Zwick, lorsque le vieux sage dit à Tom Cruise : « Vous faites des cauchemars… Celui qui dort mal est celui qui a honte de ses actes. « Vous n'avez pas idée de ce que j'ai fait », répond Tom Cruise.

Et je conclus en disant que, en 1965, Akira Kurosawa a produit une nouvelle version de *Sugata Sanshiro/La Légende du grand judo*, dont il a confié la réalisation à Seiichiro Uchikawa qui en a fait un majestueux *chambara* – un film de sabre –, avec Toshiro Mifune incarnant un impérial Jigoro Kano. Comble de l'ironie pour Kurosawa qui tança Sergio Leone pour avoir réalisé *Pour une poignée de dollars* sans s'acquitter des droits d'adaptation de son *Yojimbo*, cette nouvelle version semble être un hommage au style de Leone, jusque dans la musique de Masaru Satô rappelant celle d'Ennio Morricone.

Dans les BD de nos enfances, il y avait *Docteur Justice*, un médecin 6e dan dont nous découvrions les épisodes dans *Pif Gadget*. En 1975, on en tira un film, avec Nathalie Delon, mais sans son ex-mari Alain, dont on dit qu'il avait inspiré les créateurs de la série, Jean Ollivier et Raffaele Carlo Marcello (et à la même époque, Jean Giraud offrait à *Blueberry* le visage de Belmondo). Le réalisateur, Christian-Jaque, issu du cinéma français classique, celui des mots d'auteur et des acteurs de caractère, n'était pas l'homme idoine pour s'atteler à cette tâche perdue d'avance, même pour les fans. Et le film n'est pas sauvé non plus par la présence de Gert Froebe, qui trusta avec Hardy Kruger les rôles d'Allemands dans le cinéma mondial entre 1945 et 1980 – j'avais envie de les citer.

J'aurais également aimé parler de Dick Francis et d'une « Série noire », *À la cravache*, lue dans un hôtel de Ouagadougou en 1981, où « le jeune et mince Chico [un judoka, donc] au sourire enfantin était capable de balancer par-dessus son épaule un mec de cent kilos avec une facilité déconcertante ». À l'autre bout du spectre littéraire, on trouve Angelo Rinaldi, ceinture noire lui-même, qui fit entrer le mot « judo » à l'Académie française, prononcé par Jean-François Deniau lors de son discours de réception le 14 novembre 2002 – était-ce déjà arrivé dans si noble cénacle ?

Je n'oublie pas les stakhanovistes de l'espionnage, comme Jean-Pierre Conty, auteur de cent cinquante aventures d'un personnage nommé « Monsieur Suzuki », ou Adam Saint-Moore et son héroïne « Face d'ange » que l'un des épisodes conduit au Japon – dans *Face d'ange froisse le kimono*. L'exotisme, quand les avions n'avaient pas encore déversé leur pétrole touristique dans les cieux les plus lointains, fonctionnait à l'imagination et l'Asie était une usine à fantasmes. Les plus belles flâneries se nichaient dans un bouquin de poche, jamais plus de deux cent vingts pages, couverture illustrée de Michel Gourdon. Aujourd'hui, c'est souvent dans les bouquineries d'Emmaüs qu'on les retrouve.

Adam Saint-Moore, voilà qui fleure bon son pseudonyme. À ses débuts, Frédéric Dard écrivait sous le nom de Frédéric Charles. C'est plus que ressemblant : ce sont ses deux premiers prénoms – sans doute avait-il envie qu'on sache qui il était. Simenon, qui a signé quatre cents ouvrages et quatre-vingt-quatre *Maigret*, était le général de cette armée qui comptait tant de beaux fantassins anonymes. Dans sa jeunesse, il avait voulu s'installer dans une cage en verre pour prouver qu'il était capable d'écrire un roman en trois jours

– une mentalité de sportif. D'autres avaient, depuis l'après-guerre, une vie plus paisible, ainsi Léo Malet que nous allions visiter avec Francis Lacassin : modeste appartement parisien, machine à écrire avec carbone et une livraison par mois. Tous étaient les dignes successeurs des feuilletonistes du XXe siècle, des auteurs de *Fantômas* ou de Gustave Le Rouge, le père du *Mystérieux docteur Cornélius*, l'homme aux trois cent vingt titres célébré en secret par Blaise Cendrars. Je ne sais plus lequel disait : « L'essentiel est de ne pas se relire. »

Surtout, et promis je termine, il m'est impossible de passer sous silence cette série de romans d'espionnage dont le héros est : « le Judoka ». Un titre de film attira mon attention dans les archives de l'Institut Lumière : *Casse-tête chinois pour le judoka*. Intrigué, je vérifiai quelques éléments du générique : mise en scène de Maurice Labro, réalisateur du *Tampon du capiston* et du *Gorille a mordu l'archevêque*, un conscrit de Christian-Jaque réduit comme lui à quelques basses œuvres pour continuer à travailler, tournage en 1967, production assurée par les films Corona, qui faisaient preuve d'une certaine élasticité artistique, entre *La Grande Vadrouille* et *L'Armée des ombres*.

En Allemagne, le film s'appelle *Die Sieben Masken des Judoka* (« Les Sept Masques du judoka »), en Italie *Ore violente* (« L'Heure violente ») et en Grèce *Judoka, o megalos paranomos*

(« Judoka, le grand hors-la-loi »). En France : *Casse-tête chinois pour le judoka* – on ignore le nom du génie qui a pensé à ce titre énigmatique et cocasse, j'aime rêver que c'est Claude Chabrol, qui adorait en imaginer de très farfelus. *Casse-tête chinois pour le judoka* est sorti à Paris en février 1968, en pleine affaire Langlois, le directeur de la Cinémathèque française limogé par Malraux, si éloigné alors des cinémas de quartier qui programmaient ces films de genre – mais les deux mondes connaissent le même destin funeste de devoir s'effacer, dans la triste fin d'un âge d'or commun. Sauf que, si on n'a pas oublié Langlois, dont les thuriféraires ont la mémoire longue, on parle beaucoup moins de *Casse-tête chinois pour le judoka*. Ça mérite, pour conclure, quelques lignes.

Le générique qui fait se succéder des planches de bande dessinée nous apprend que le film est adapté d'un roman d'espionnage : *Le Judoka dans l'enfer*, d'Ernie Clerk, dont le nom à la consonance néerlandaise ne trahissait pas qu'il s'appellerait en réalité Pierre Caillet et qu'il fut vendeur de confiseries, de margarine et de machines à coudre. Devenu écrivain, il signa, entre autres, dix-neuf *Judoka*, de *Staccato pour le judoka*, le premier en 1960, jusqu'au dernier, *Le Judoka et les Sabras*, en 1971. Publiés au Fleuve Noir puis chez Albin Michel dans la collection « Ernie Clerk », les *Judoka* vendaient des couvertures au savant marketing asiatique, logo représentant un samouraï matois, en tenue et sabre à la main, le mot « espionnage » barrant un dessin évocateur de l'affichiste O'Kley où figurait en général une jolie fille, un Mirage IV, un bateau de guerre, quelques visages de vilains et un bel homme torse nu.

J'ai pu me procurer une copie de *Casse-tête chinois pour le judoka* et un dossier de presse : « À Tokyo, Marc Saint-Clair remporte une médaille de kendo qu'il offre à son ami américain Clyde. Pilote d'avion, Clyde doit survoler la Chine pour enquêter sur un bombardier supersonique. Marc a une liaison avec Jennifer, la fiancée de Clyde, lorsqu'il apprend la disparition de l'avion. Pris de remords, il part à la recherche de son ami. Il devra affronter la puissante secte des Dragons noirs. » Le film s'ouvre sur le drapeau japonais puis se déroule principalement à… Hong Kong, d'où le casse-tête *chinois*. Bruyamment accompagné de l'Italienne Marilù Tolo, qui joue les demi-espionnes un peu gourdes avec conviction, le héros a les traits de l'acteur québécois Marc Briand. Le film n'est pas sans intérêt et ne se prend pas au sérieux, mais il était grand temps que De Broca et *Le Magnifique* – puis, dans les années 2010, Michel Hazavanicius et ses *OSS* – rendent un hommage parodique à un genre qui se meurt, aux soutiers de la littérature qu'on néglige, et aux dialogues qu'on n'ose plus écrire, comme cet échange à Acapulco dans lequel Jacqueline Bisset, super-héroïne sexy, dit à Belmondo qui vient de parader devant une armée de mannequins buvant de la grenadine : « Vous plaisez aux femmes ? » ; et où il lui répond d'un ton modeste : « Oh, je ne sais pas. »

Casse-tête chinois pour le judoka dure 1 h 44 et la première scène de judo arrive à… 1 h 27. De surcroît, c'est la seule. Mais ça valait le coup d'attendre. Le personnage du « Judoka », en kimono et ceinture rouge et blanche, se retrouve nez à nez avec un gros costaud qui l'empêche d'aller libérer son ami drogué par les Chinois, dirigés par un ancien nazi qui prépare la revanche du IIIe Reich. On ne rit pas. Le costaud est interprété par une légende du catch mondial, André le Géant, surnommé aussi la Huitième Merveille du monde ou encore le Grand Ferré, en hommage à un héros paysan de la guerre de Cent Ans qui découpait les Anglais à la hache. Dans la vie, André le Géant s'appelait André René Roussimoff, enfant de Bulgarie né à Coulommiers, et c'était un gentil mec.

Le scénario oblige le catcheur à afficher les limites de son potentiel pour que le judoka puisse faire briller le sien. De fait, on le voit enchaîner les morote-seoi-nage et ô-goshis et faire un peu de ne-waza avec tentatives d'immobilisation et étranglements sous tension. La cascade intègre également quelques sutemis, plusieurs chutes avant, et offre une rareté : *kani-basami*, un mouvement de sacrifice qu'on appelait la « pince de crabe » ou la « pince de langouste », et qui fut interdit en compétition pour cause de haute dangerosité. Devinez quoi : à la fin, le judoka gagne. Puis retrouvailles entre amis et générique.

Avant Maurice Labro, Pierre Zimmer, un acteur oublié ayant joué dans les premiers Lelouch et dans *Le Deuxième Souffle* (son premier film, un désastre commercial, s'appelait *Donnez-moi dix hommes désespérés* : « Titre poissard, rigole Bertrand Tavernier, aucun spectateur n'a voulu être dans les dix ! »), s'était déjà risqué à réaliser un *Judoka* : *Le Judoka, agent secret*, sorti le 24 juillet 1967 en France et dans une dizaine de pays. Mais j'arrête. Ça nous emmènerait trop loin et avec cinquante pages de plus. Or le voyage touche à sa fin, il faut savoir terminer les films, les grèves et les jardins japonais. Surtout après avoir réussi à parler de *Casse-tête chinois pour le judoka*.

28

Dansons sous la pluie

(quand le soir tombe)

Nous n'avons pas été enfants, nous n'avons pas été adolescents, nous avons été judokas. Nous sommes devenus adultes sans nous en apercevoir. Nous, les 1957-1963, avons peu raconté notre vie. On ne nous a pas demandé de le faire non plus. Sûrement qu'il n'y avait rien à dire et encore moins de quoi se vanter. Trop jeunes pour le passé, trop vieux pour l'avenir. « Exister est un plagiat », écrivait Cioran que je lisais alors beaucoup. Nous avons admiré, tellement impressionnés par ceux qui nous précédaient, si étonnés par ceux qui nous suivaient. Quelle était notre place ? Je me le demande encore. Mais chaque génération doit penser la même chose, en plus de s'assigner « à refaire le monde », écrivait Albert Camus. Qui ajoutait : « Et à empêcher que le monde se défasse. »

Un jour, cette vie-là, cette vie de judoka, s'est arrêtée. Le 10 mai 1981, un président de gauche était arrivé les bras chargés d'espérance. Dans l'exaltation spontanée qui, ce soir-là, s'empara du pays, on ne savait pas que les années soixante-dix venaient de se figer net. Et que rien ne se passerait comme prévu. L'été suivant, les émeutes des Minguettes amorcèrent la fin de l'« état de grâce ». Photographiées sous toutes les coutures par des journalistes venus encourager ce qui était tout sauf un divertissement de juillet, les cascades pyrotechniques des petits frères sur le boulevard Lénine faisaient la joie de médias dont la lente déliquescence vers l'info-spectacle allait contribuer à la notabilisation d'un politicien histrionesque, fascitoïde et borgne qui n'affichait son visage qu'aux élections, où un laborieux 3 % et un bandeau sur l'œil le réduisaient à un sujet de moquerie : « Votez Le Pen, vous y verrez plus clair ! » On a vite arrêté de plaisanter.

« Les années quatre-vingt commencent », chantait Michel Jonasz – on ne savait pas qu'elles seraient blafardes, mortelles et annonciatrices du pire du XXIe siècle. Les choses commençaient à se gâter. La décennie fila comme une étoile noire. Elle eut ses beaux moments, mais elle ne fut jamais la nôtre. Elle s'éprit de vitesse, nous de lenteur. On fut vite largués et on se tint à l'écart. On ne voulait pas de l'armée française, ça tombait bien, elle n'avait pas voulu de nous : pour échapper aux douze mois d'Allemagne (de nombreux Lyonnais partaient là-bas), notre génération se fit réformer à tour de bras. Les copains usèrent de savants stratagèmes médicaux pour rejoindre en urgence l'hôpital militaire de Lyon-Desgenettes et le classement P4 : psychiatrie de type 4. Moi, une sale blessure au genou sur un morote-seoi-nage mal négocié face à un mi-lourd qui écrasa les ligaments croisés de mon genou droit me fit attribuer I4, handicap membre inférieur de type 4. « En cas de guerre, restez chez vous et attendez qu'on vous appelle », nous disait-on en nous congédiant. Le judo m'aura même permis d'éviter le service national.

Nous étions les héritiers d'une culture protestataire mais il n'y avait plus de révolution en vue à part celle de retarder le moment où on intégrerait la vie active, sans réfléchir à ce qu'elle serait vraiment. Notre manière de nous affranchir des conventions n'arrangeait rien. Ne pas rentrer dans le rang se résumait à vivre différemment, à sept garçons dans un grand appartement. Et à continuer à habiter les Minguettes. Pendant qu'une partie de notre génération mimait celle d'avant pour prendre sa place, nous partions en voyage. La passion des hommes pour la mer et la montagne, c'est parce qu'il n'y a pas d'hommes. On était les rois des pâtes à la tomate et des échappées en Ford Transit sur des routes qui ne menaient nulle part, vers Tamanrasset et les montagnes de l'Assekrem ou vers Mendoza, au pied de la Cordillère andine, où Umberto Furtado, un ancien pistard rencontré sur un bateau, décida de nous apprendre à boire.

On faisait durer, convaincus qu'on allait reprendre la route. On s'échangeait des blagues idiotes et on chantait des chansons à texte : ça se sentait que tout partait en vrille, ici, la religion qui entrait dans la ZUP, là, l'ivresse de la consommation décomplexée du plus dérisoire ou encore le surgissement des télévisions commerciales qui tentaient de nous convaincre que la publicité était un art pour faire oublier qu'elle était d'abord de la publicité. Les utopies politiques s'étaient évanouies, tout le monde avait pris sa place dans la société marchande. On s'en étonnait encore, ignorant qu'on ne s'étonnerait plus de rien. Chacun faisait de son mieux pour ne pas se laisser engloutir. À la fac, je réfléchissais à une histoire sociale du cinéma qui n'existait pas (en préparant deux mille pages d'une thèse sur « Comment le peuple du XXe siècle est allé au cinéma »), après avoir envisagé de me pencher sur « Les judokas français au Japon dans les années cinquante » – il restait des survivants. Je tournais le dos aux tentations de l'époque, je lisais les grands historiens français, je passais mon temps à voir des films et construire les studios croix-roussiens de Radio Canut – un peu mince comme révolte.

Célibataires, pauvres, le culte de l'amitié en bandoulière, on ne savait pas quoi faire de nos existences, quoique mes deux clubs de Chaponnay et

Saint-Fons et les tatamis continuassent d'emplir la mienne. Quand l'avenir s'assombrissait, on le rallumait en organisant un concert de Nino Ferrer à la salle Rameau pour quelques rares spectateurs qui n'avaient pas totalement oublié qu'il avait composé *C'est irréparable*, en interviewant Bernard Lavilliers pendant des heures et en allant admirer les Rolling Stones dans le vieux stade de Gerland. C'était aussi le temps des « galas » au palais des sports de Lyon et des démonstrations de judo, de karaté, d'aïkido et de kendo qui s'achevaient par des spectacles gigantesques où l'on rejouait *Les Sept Samouraïs* devant huit mille personnes en se prenant pour Ariane Mnouchkine avec dizaines de figurants maquillés, feux d'artifice, chevaux attelés et participation de la foule. Nous organisions des événements, des trucs populaires, des soirées de charité. Normal : Jigoro Kano avait dit l'importance du dévouement à autrui, il y avait de quoi s'en inspirer. Plus d'un judoka aura été marqué par la *bonté* qui règne dans les dojos. Un jour, aussi violemment qu'un passing-shot d'Ivan Lendl, la modernité affirma que c'était mal, les bons sentiments, que pour être à la page, il fallait persifler, se moquer et rejeter. Préférer l'étroitesse des sectes dominantes autoproclamées minoritaires à la grandeur du collectif, dont le sens même s'étiolait. Je ne parvenais pas à m'y faire. On nous avait appris le contraire, être gentils pour de vrai et n'aimer les vilains qu'au cinéma. Et nous savions que la malfaisance des artistes valait mieux que la bien-pensance des éditorialistes.

Toutes les années quatre-vingt, mon existence tourna encore autour des clubs. J'enseignais avec beaucoup de sérieux, ça n'était pas un « vrai métier » mais ça faisait mes soirs. Mes élèves progressaient, chacun obtenait à son tour la ceinture noire, passait brillamment les katas. Souvent, juste avant le « *Rei !* » du salut, je concluais les séances en demandant qu'on ferme les yeux de longues minutes et qu'on fasse silence. J'aimais cette méditation collective, cet isolement à plusieurs, ces moments de haute solitude comme des sanctuaires de soi-même. Puis je remontais à la ZUP où rien ne pouvait m'arriver. « Nul ne guérit de son enfance », chantait Ferrat.

Le judo me mena jusqu'au début des années quatre-vingt-dix. Un jour, il posa plus d'interrogations qu'il n'apporta de solutions. Mon romantisme de banlieue se décomposa lentement face au compte à rebours qui s'accélérait. Il fallait apprendre à vivre. Mon sacerdoce bénévole à l'Institut Lumière – classement d'archives, entoilage d'affiches rares et recherches bibliophiles sous la direction de l'historien Raymond Chirat – réclamait une énergie que je produisais sans effort. Alors qu'une vie de thésard plonge dans une intense solitude, je m'offrais la jouissance d'une autre utilité sociale que le judo, l'assurance d'une vie au grand air et la fréquentation des cinémathèques européennes. J'étais le jeune homme dont on s'étonnait qu'il fraye à ce point avec les vieux passionnés et le roi du transport de copies 35 mm – le Ford Transit, toujours.

Bertrand Tavernier, dont j'admirais le travail, avait été élu président de cette cinémathèque balbutiante : « Cinéaste, cinéphile, et lyonnais », disait-on de lui avec un local orgueil. Je le croisais de plus en plus souvent dans les couloirs du Château Lumière jusqu'au jour où, en 1988-1989, il m'invita sur le tournage de *La Vie et rien d'autre*, en Haute-Marne. Je l'observai fabriquer son film, tourner une scène difficile dans un tunnel, lancer des instructions tonitruantes à ses techniciens, donner d'une voix douce des indications à Sabine Azéma et Philippe Noiret pour, après le « Coupez ! », enflammer une conversation sur le droit d'auteur, s'énerver contre la colorisation des œuvres, citer Budd Boetticher, Gilles Grangier ou Mario Monicelli – son tempérament politique offensif et narquois et cette agilité cinéphile anti-aristocratique étaient irrésistibles.

Grâce à Yves Lequin, mon professeur à Lyon-2, j'avais consacré ma maîtrise d'histoire à la revue *Positif*, créée à Lyon par Bernard Chardère. Pourtant, j'étais né en cinéphilie en dévorant les *Cahiers du cinéma*, mais leur réflexion en cercle et leur goût immodéré pour leur propre légende devenaient lassants. Alors que je débutais enfin la rédaction de ma thèse, Tavernier m'emporta dans son tourbillon en m'appelant officiellement à ses côtés et à ceux de Bernard Chardère qui, trente ans après *Positif*, était devenu le premier directeur de l'Institut Lumière. Ce dernier me l'annonça de manière solennelle à l'occasion d'un inoubliable déjeuner à La Véranda, ce restaurant de Monplaisir où, dans *Autour de minuit*, François Cluzet rencontre Christine Pascal. Un talent colossal, une immense promesse, un destin inaccompli : Bernard Chardère incarnait une France cinéphile anarcho-provinciale vécue intellectuellement loin de Paris. L'entendre me raconter son amitié avec Prévert, la façon dont il redécouvrit Jean Vigo dans les années cinquante ou le refus de la bienséance vis-à-vis des autres critiques aura influencé le moussaillon cinéphile que j'étais, comme sa façon d'évoquer à la fois Faulkner et l'acteur-violoncelliste Maurice Baquet ou George Bernard Shaw dont il affectionnait cette saillie plus vraiment d'époque : « Je ne pense pas qu'à ça mais, lorsqu'il m'arrive de penser, c'est à ça que je pense. »

Le DEA – le diplôme d'études approfondies – devait me conduire au centre d'histoire contemporaine Pierre-Léon du CNRS, à Lyon, dont je suivis le séminaire. Chercheur, judoka et cinéphile, ça dessinait quelque chose d'une liberté de corps et d'esprit. Je n'osais en caresser encore le rêve que l'Institut Lumière proposait de me recruter, après des années à travailler gratis. Je trouvai mon premier emploi à trente ans, juste après les avoir célébrés, comme Robert De Niro et James Wood fêtant la fin de la prohibition dans *Il était une fois en Amérique* : de manière grandiose, chimérique et triste. J'avais tenu jusque-là. Et je n'avais pas eu à rédiger un CV. Je ne sais plus exactement quel était mon titre, je n'avais pas de carte de visite, je ne négociai pas mon salaire ni la taille de mon bureau. « Ma jeunesse pénétrant dans ma vieillesse », comme l'écrit Chateaubriand, j'avais la proie, je pouvais lâcher l'ombre. J'ignorais où cette nouvelle vie m'emmènerait. Depuis l'enfance, je savais où j'avais passé mon temps : sur les tatamis. L'émancipation m'arrivait définitivement par le cinéma. Il était temps de saluer le passé.

Le judo s'éclipsait. Il n'occupait plus mes pensées, pas plus que cette thèse dont je me résignais à abandonner l'utopie. L'amour du cinéma justifiait tous les engagements : nous étions parvenus, avec inconscience et sans argent, à hisser l'Institut Lumière au rang qui était le sien, un « lieu-monde » que venaient visiter les grands cinéastes, fascinés de découvrir que l'art auquel ils s'étaient dédiés avait une origine. Le cultissime Wim Wenders ouvrit le bal en 1991 : modernité incarnée, le cinéaste d'*Au fil du temps* (qui reste l'un de mes films préférés : trois heures en scope noir et blanc, longue errance en camion de deux nomades le long de la frontière est-allemande) était ce qu'on faisait alors de mieux.

Après *Paris, Texas* et *Les Ailes du désir*, il vint présenter en avant-première *Jusqu'au bout du monde*... et s'y perdit, ne retrouvant plus les sommets où la critique l'avait placé – le cinéma est plus que d'autres une discipline où les artistes tombent. Puis vinrent Joseph Mankiewicz ou Allen Ginsberg, qui passait par là et me demanda de lire ses poèmes en public. Elia Kazan s'installa une semaine à Lyon. Après l'entraînement, je le rejoignais pour dîner à l'hôtel La Tour Rose. Je faisais encore un peu de judo, je me souviens, il s'en étonnait, je l'avais même emmené aux Minguettes, il tenait à voir où je vivais – les cinéastes, comme les écrivains, sont de grands curieux. Grâce à Tavernier, nous invitâmes également André de Toth, le « quatrième borgne d'Hollywood », le réalisateur du western pro-indien *La Rivière de nos amours* et du chef-d'œuvre inconnu *La Chevauchée des bannis*. Ce fut un grand coup de foudre et une nouvelle leçon de vie, celle dont il avait fait sa devise : « *Don't be careful, have fun.* »

La petite planète Lumière recommençait à tourner. J'aimais programmer, enseigner et redonner à Lyon une réputation qu'elle n'avait jamais eue. Arriva la saison 1994-1995 : celle du centenaire du Cinématographe Lumière. Elle annonçait des hautes tempêtes à traverser. Dans mes clubs, je transmis le flambeau à Bruno Blanchard, un jeune poids léger prometteur et très bon uke de kata. En élève fidèle au vieux sensei que j'étais devenu – la retraite des sportifs est toujours une petite mort –, il me remplaçait au pied levé sans protester. Ne plus endosser le kimono chaque soir, je n'aurais jamais cru ça possible. Là où j'allais, les subtilités d'uchi-mata et de juji-gatame ne me seraient plus d'aucune utilité. Le judo passait dans un monde intérieur et secret, sûr de sa présence. Ce qu'il m'avait appris de l'existence demeurait opératoire, il reste que je ne pratiquais plus. Je renonçai à ma vie d'avant, sans en ressentir de regret ni de chagrin. Ils vinrent plus tard. Un jour de janvier 1992, sur une route qui nous menait à Aix-en-Provence, Serge Daney avait évoqué longuement les différences entre la nostalgie et la mélancolie, qu'il préférait, en moderne et en homme qui se savait mourant. Le manque ou le vide. Les années suivantes, ce fut l'un puis l'autre.

En octobre 1994, les festivités du centenaire du cinéma s'ouvrirent à Lyon exactement un siècle après que, à l'automne 1894, Louis et Auguste Lumière débutèrent leurs recherches sur les images animées. On m'en avait confié l'organisation, avec une conséquence que j'étais le seul à connaître : cela m'éloignerait définitivement des tapis. Je n'avais fait que du judo et rien d'autre ; je n'allais faire que mon métier et rien d'autre.

Pour cette soirée, j'attirai Stanley Donen à coups de fax en jouant du respect qu'il vouait à Bertrand Tavernier. Muhammad Ali épatait toujours la galerie dès le premier round, Eddy Merckx écrasait d'emblée le Tour en gagnant le prologue et, nous, nous allions impressionner en projetant l'un des plus beaux films du monde, *Chantons sous la pluie*, le chef-d'œuvre qu'il avait réalisé avec Gene Kelly en 1952 – ce que le cinéma a de joyeux, de magique et de populaire. Donen portait avec élégance toute la mythologie américaine, Tavernier prononça un éloge d'anthologie et les fauteuils tremblèrent sous d'interminables applaudissements.

Par un concours de circonstances qui vint définitivement sceller mon destin, un autre événement referma la séquence : au lendemain de cette soirée, le 11 octobre 1994, des HLM des Minguettes tombèrent dans la déflagration et le souffle d'une ribambelle d'explosifs que des artificiers avaient habilement placés à leur pied. Du temps était passé, la ZUP avait vieilli. En quelques secondes, des immeubles du « Quartier Démocratie », qui jouxtait celui où j'avais grandi, disparurent en fumée, trente ans après avoir été édifiés. Les gens se réunirent au bas des bâtiments pour voir le spectacle, célébrer leur histoire, leur quartier, leurs vies. Dans la joie des souvenirs au début, dans la peine et les larmes à la fin. Et dans un océan de questions auxquelles nul n'a jamais apporté la moindre réponse.

Cette coïncidence était-elle fortuite ? J'étais de l'autre côté de la ville à célébrer le cinéma, loin de la ZUP où des bâtons de dynamite l'amputaient de dix de ses tours, loin de mes dojos de Saint-Fons et de Chaponnay où je n'irais plus jamais. Ma jeunesse aussi volait en éclats. Je disais adieu aux Minguettes, je disais adieu au judo.

Je suis parfois retourné sur les tapis les années qui ont suivi et je n'ai vraiment quitté Vénissieux qu'en 2003, mais je compris qu'une vie est faite de ces ruptures et de ces bonheurs envolés le 11 octobre 1994 quand ma sœur Marie-Pierre me raconta ses pleurs en voyant les tours s'écrouler. La veille, après la projection de *Chantons sous la pluie*, Stanley Donen, qui débuta comme danseur à Broadway, avait esquissé quelques pas de claquettes sur la scène du palais des congrès de Lyon. C'était sa façon de se sentir digne des Lumière. Puis il avait pris la parole : « J'ai eu la chance de faire du cinéma à Hollywood alors que la neige venait juste de tomber. Elle était encore fraîche et j'ai pu y laisser mes empreintes. » Cette fulgurante synthèse de l'histoire du cinéma me semblait refléter l'infinie tristesse d'un artiste qui se souvenait de son âge d'or, fût-elle prononcée sous le coup de l'émotion. Elle m'intriguait, parce qu'elle me ramenait au judo et aux souvenirs auxquels il se réduisait déjà. Au dîner, Stanley Donen me raconta que, en célébrant le cinéma sur les lieux de son origine, il avait pris la mesure de sa propre route. « Mais je parle pour moi, je suis un vieil homme. Vous avez le temps. » Et devant ma perplexité, il me rassura : « La neige revient chaque année, vous savez. »

29

La dernière chute

Une goutte d'eau matinale, qui brille sur la lame
Fine du rasoir, et tombe – est-ce en cela
Qu'une vie se résume ? Étrange
Je continue à vivre, pourquoi ? Regard pareil
À celui qui contemple la mer tout le jour
Sous un ciel nuageux, j'ai vécu plus de la moitié de ma vie.

J'ai retrouvé ce matin ce poème de Tarô Kitamura. Petit, j'avais confectionné d'une écriture volontaire un syllabaire en japonais. Un pays lointain voulait bien de moi, j'ai désiré tout connaître de lui, au point de tenter d'en apprendre la langue. Prononcez ces mots à voix haute, phonétiquement : *tsubamégaéshi*, *utsurigoshi*, *sotomakikomi*, *udehishigijujigatamé*, et vous aurez une idée de la volupté qui s'emparait de nous, jeunes judokas. Je viens de raconter ma propre « légende du grand judo », mon passé de « petit scarabée » attiré par cet avenir radieux promis à qui veut apprendre, comme David Carradine dans *Kung Fu*. Ces derniers temps, plus j'avançais dans ce texte et plus je sentais son poids s'alléger. Avec les souvenirs revenait l'allégresse – même si j'ai appris que M. Verdino était mort il y a quelques années. Et même si adopter la première personne pour évoquer une discipline dont je me suis évertué à dire qu'elle puise sa dimension morale à l'aune du collectif ne m'était pas facile. Mais je ne pouvais pas le faire autrement. Le judo, qui s'entrelace immanquablement dans un rapport aux autres sur lequel repose la marche de l'existence, a construit la personne que je suis devenu. Un homme à qui on a appris que la sagesse arrivera après toute chose.

C'est sur un tapis que j'ai compris que la culture sauvera le monde. Pratiquer un sport méconnu me préparait à l'obscurité des passions cinéphiles, à l'inclination pour les artistes oubliés et au rejet des modes – la solitude de l'enfant sera toujours définitive des beuglements du groupe. Être judoka vous apprend ce qu'est la minorité. Ma lecture de l'histoire du judo anticipait celle du cinéma. Il faut savoir être apte à la passion. Des histoires que les combattants s'échangent entre eux n'ont jamais été racontées. J'ai voulu le faire en parlant de *mon* judo, fait de ruines et de traces ; d'autres évoqueront le leur, en des temps plus contemporains – les judokates, surtout, il le faudra, ces nouvelles princesses des tapis, autres générations, autres banlieues, un livre entier n'y suffirait pas. J'ai tenté de recoller nos vies par le souvenir, morceaux éparpillés que seule l'écriture peut exhumer. Sauver ce qui a existé, de moi et de tous les autres, si cela peut servir. Quoique, de l'enjeu, il ne faille pas oublier le jeu. Ce qui s'est passé à la cérémonie des vœux, qui était le départ de ce livre et sera son point final, vient de me le prouver.

Je suis dans le train qui me ramène à Lyon. J'essaie de trouver une position confortable. Une sorte d'épuisement me gagne et j'ai le souffle court. Je regarde, hébété, les dernières lumières se raréfier. À mesure que Paris s'éloigne, le brouillard se mêle à la fin du jour. La vitre du TGV se change en miroir : un geste de plus et je m'effondre. J'ai l'air malin. Le Kagami-biraki, la cérémonie des vœux de la fédération, fut une réussite et j'ai été heureux d'endosser à nouveau le kimono. Si heureux que ça ne suffisait pas : j'ai voulu refaire du judo. Mal m'en a pris.

Selon mes habitudes, je suis passé ce matin par mon appartement, en face de la gare de Lyon, récupérer mon vélo, pour me rendre à l'Institut du Judo, le « Kodokan français », situé à l'autre bout de Paris, porte de Châtillon. J'ai fait un détour pour acheter une ceinture car une coupure pouvait déchirer la mienne. Je ne l'ai finalement pas utilisée, elle aurait été comme un corps étranger. Quand je suis monté sur le tapis, les judokas lyonnais m'ont accueilli avec effusion. « Tu es exactement comme autrefois ! » a dit Michel Charrier sans se moquer (car j'avais cru qu'il se moquait). Lui, à plus de quatre-vingts ans, n'avait pas changé. Mais lui n'avait pas déserté en rase campagne des années plus tôt. Du coup, le sentiment d'apostat qui m'habitait s'est envolé et je me suis senti mieux. « Ton discours est prêt ? » m'ont-ils chambré. Tout le monde parlait en bougeant sur place pour s'échauffer, remuant qui les genoux, qui les poignets ou les épaules.

La fédération s'affichait au grand complet avec Fred Lecanu, retraité des tapis de haute compétition qui officie dans les grands rendez-vous de la fédé, comme avec Gévrise Émane au micro de la chaîne L'Équipe. Alors que les hauts gradés se rassemblaient sur le tapis, Thierry Rey a surgi, belle allure du 8e dan qu'il est devenu et néanmoins en délicatesse avec une vilaine blessure qui l'empêche de prendre le moindre risque. J'aurais dû m'en inspirer.

Après un bruyant roulement de taïkos – les tambours traditionnels nippons qu'un mélange de cérémonial et d'énergie transforme en un art martial musical –, la cérémonie s'est ouverte à 14 h 33 avec le salut ordonné par Jean-Pierre Tripet, un ancien de l'équipe de France. À genoux, les fesses reposant sur les pieds croisés l'un sur l'autre, drapé dans ce beau kimono que m'avait offert

Teddy Riner et que j'avais préparé avec le même soin que s'il s'agissait de mon smoking cannois, je me trouvais avec les autorités, seule « noire » au milieu des « rouge et blanche », tout près de Maxime Nouchy qui veillait sur moi comme un grand frère après m'avoir inondé de messages de recommandation les jours précédents. Le gala a débuté par des démonstrations de karaté, d'aïkido et de taekwondo. J'ai ressenti, exactement comme il y a trente ans, cette appétence inavouée pour le geste méticuleux et inspiré de nos cousins, cette rivalité jamais réglée entre nous, qui voit chaque pratiquant admirer les autres disciplines mais être convaincu de la supériorité de la sienne. Le karaté, par exemple : tu me touches, tu m'atteins mais, si je te saisis, je te projette. Qui est le plus fort ? On ne saura pas, on n'essaiera pas.

Quand est venu le moment des remises de grades, j'ai su que mon tour approchait et, comme prévu, à 16 h 43 (je relis le conducteur, c'était peut-être à 16 h 45), Fred Lecanu m'a appelé au milieu du tapis. Je me suis approché et j'ai lu au micro le texte que, dans le TGV, j'avais fignolé une dernière fois – d'habitude j'improvise, mais l'occasion était spéciale. Je crois que ça leur a convenu mais comme il régnait un silence de cathédrale, allez savoir, en judo, on ne verse jamais dans l'excès de compliments. J'ai senti quelques regards bienveillants, de Camille de

Casabianca, la réalisatrice-judokate, ceinture noire elle-même, de Vincent Lindon aussi, que j'avais invité parce que, dans son enfance, il avait eu comme professeur au Racing Club de France Serge Feist, que la cérémonie honorait en compagnie de Guy Dupuis, Patrick Vial et Jean-Paul Coche. Le protocole les avait placés en fin de programme car ils en étaient l'apogée : ils recevaient leur 9e dan. Un grand dirigeant et trois champions de l'ère moderne se tenaient debout, silencieux comme des débutants franchissant le cap de la ceinture jaune, même timidité, même humilité, c'était touchant – Bob Dylan intronisé au Rock'n'Roll Hall of Fame.

Des images revenaient : Patrick Vial, la grâce incarnée qui remporta le bronze olympique à Montréal à coups de sutemi ; Serge Feist, le roi des légers devenu entraîneur de poids ; Jean-Paul Coche, physique de dieu grec, explosant ses adversaires à coups d'utsuri-goshi au Crystal Palace de Londres. Il était celui qui détestait perdre. J'avais suivi un « stage combattants » sous sa direction au CREPS d'Aix-en-Provence, son intransigeance nous courbait de fatigue mais, chaque soir, je le harcelais de questions : « Toi, tu seras journaliste ! » m'avait-il prédit. Élégance suprême, il a demandé à son plus grand rival, Guy Auffray, un styliste de première, de lui remettre son grade, geste chevaleresque, preuve d'amitié, sens de l'histoire. C'est alors que Jean-Luc Rougé a dit au micro : « Pourquoi ne pas profiter de la chance de les avoir avec nous et faire un peu de judo ? » « Faire un peu de judo », ça m'a parlé tout de suite – hélas, vu la suite.

Il faut dire que la situation était singulière : cela faisait deux heures que nous étions sur ce tapis. Être en kimono, ne pas bouger, rester sage. Ceux qui m'entouraient pratiquaient tous les jours, j'en étais frustré depuis des années. J'ai balayé la salle d'un regard : *mon* judo était là, têtes connues de mon enfance, points d'ancrage de cette traversée des souvenirs. « Le devoir de mémoire est le contraire d'un pensum : un bain de jouvence », écrit Régis Debray.

Un instant, je suis redevenu adolescent. On pouvait *tirer* avec les vieux maîtres. Enfin, « vieux », pour rien au monde je n'aurais voulu me trouver face à Coche, et pas de « si j'avais eu dix ans de moins » qui tienne, ils en avaient quinze de plus et semblaient d'une robustesse éternelle. Rougé a insisté : « Il manque quelqu'un pour Patrick Vial. » Personne ne bougeait. « Alors ? Qui pour Patrick Vial ? – Moi ! » ai-je crié. Je ne sais pas ce qui m'a pris. Ou plutôt, je le sais : je suis comme ça, m'avancer en première ligne, prendre mes responsabilités et lancer la ola. Serrer ma chance, comme aimait dire Claude Miller. Ce que le judo apprend. Plus tard, quand Maxime Nouchy m'a étendu sur le sol pour vérifier que rien de grave n'était arrivé, Thierry Rey en riait encore : « J'ai voulu te retenir, impossible, tu es parti trop vite. Tu es fou, un randori sans échauffement, sans préparation, sans rien. » J'aurai dû lui répondre : « Et sans avoir fait de judo depuis vingt ans. » Mais j'avais à peine la force de parler. « Après, je comprends tellement ça », a-t-il ajouté, la mélancolie au cœur.

Il s'agissait de servir d'uke, de se laisser projeter, sans réplique à opposer, un exercice qui ne m'aurait posé aucun problème dans mes années judo. Rien n'avait disparu de mes sensations, du moins le croyais-je ; j'éprouvais aussi le désir, idiot car personne ne me le demandait, de justifier ma présence, de *travailler* un peu. Prononcer un discours ne suffisait pas. Tous ceux qui montent sur un tapis de compétition le font avec sérieux, tous ceux qui l'ont fait sont allés au bout de leurs forces, de leur souffle, de leur vie, à s'évanouir dans les bras de leur adversaire, pour ne pas avoir de regrets, assumant d'en pâtir physiquement pendant plusieurs jours, comme Muhammad Ali après le combat à la vie à la mort avec Joe Frazier à Manille en 1975. Alors, avec imprudence, avec impudence, je me suis mêlé à ces combattants aguerris.

« *Hajimé !* » a lancé Jean-Pierre Tripet. Devant Patrick Vial, j'ai plaisanté : « On ouvre par *tomoe-nage* ? » Tomoe-nage, c'est le plus terrible des sutemis – la « planchette japonaise » – dont je me souvenais qu'il était le « spécial » de Patrick Vial. À son hochement de tête, j'ai vu qu'il ne plaisantait pas. On a pris la garde, opéré quelques pas de déplacement, et il s'est lancé sur le dos – tomoenage repose sur le principe du sacrifice –, il a placé son pied sur le bas de mon ventre (plus exactement sur l'aine) et m'a expédié par-dessus lui : on ne peut imaginer plus beau soleil ni, en conséquence, plus belle chute avant. J'y étais préparé mais en arrivant sur le sol, alors que mon cerveau non prévenu avait tout de même enregistré que les affaires reprenaient, j'ai senti une décharge électrique dans le dos. Une douleur fulgurante, des milliers de watts innervant chaque parcelle de mon corps. Je me suis relevé et j'ai poursuivi la démonstration, non sans tenter d'escamoter une chute ou deux, au métier et en serrant les dents. J'en bavais et je me sentais bien, les deux en même temps. Puis, Jean-Luc Rougé, qui y avait pris part lui-même, a mis fin aux festivités. J'ai rejoint le salut final, avec quelques difficultés. Plus exactement : j'étais dans le brouillard. Maxime Nouchy s'est précipité sur moi et, en kiné, n'a pas été long à conclure : « J'ai vu ta première chute, c'est là que c'est arrivé. Tu étais froid, ton corps n'était absolument pas prêt et, de manière réflexe, tes muscles du dos ont miraculeusement protégé ta colonne vertébrale. Sauf qu'ils avaient perdu la mémoire de tout ça. Tu leur as mis un gros coup de stress ! Mais je ne sais pas comment tu as réussi à poursuivre le randori. – Parce que j'étais devenu chaud. – Bon, tu t'es fait une belle contracture. Sans doute les dorsaux. » Je le soupçonnais de vouloir me tranquilliser. « Non, t'inquiète, cela aurait pu être dramatique. Attends-toi à souffrir beaucoup dans les jours qui viennent. Mais il vaut mieux ça que de te rompre les vertèbres. »

J'ai éprouvé une soudaine affliction, à me demander comment j'allais reprendre mon train, si la semaine allait se dérouler normalement, le type de tracas qui vous accablent dans ces moments-là, puis les railleries des copains sont venues à mon secours : « Me faites pas rire, ça me fait mal », me suis-je d'abord plaint avant d'en rigoler aussi. L'un m'a même dit : « Oh, la chance de t'être blessé ! À ton âge. Ça prouve que tu n'as pas triché. » J'aurais préféré tricher, plutôt que de déguster. Je les ai laissés à regret, j'ai zappé le cocktail et suis remonté sur mon vélo, direction le dernier TGV. Sur la longue avenue menant à Denfert-Rochereau, chaque changement de position m'était un supplice qui provoquait de dangereux coups de guidon. N'en pouvant plus de ces zigzags, je me suis arrêté dans une pharmacie près d'Alésia où un jeune type plein de précautions m'a emmené dans la réserve pour me coller un patch chauffant sur les lombaires. Je m'en suis voulu d'à peine le remercier mais j'avais toujours du mal à parler. Il m'a aussi refilé des comprimés anti-inflammatoires et je suis reparti, bien en peine de pédaler correctement. Et j'ai réussi à me hisser dans le train.

Il y a un mot commun au cinéma et au judo : *projection*. Je m'en aperçois seulement à la fin de ce texte. Projeter un film, projeter un adversaire. Et la projection naît d'une prise, comme sur un plateau, comme sur un tapis. Thomas Edison, le rival de Lumière, n'en voulait pas. Il ne croyait pas à ce rayon lumineux qui envoie une image sur un grand écran. C'était pourtant cela dont les gens avaient besoin, et dont ils ont célébré l'avènement en 1895, de cette projection collective qui continue à rendre le cinéma singulier, dans la vertigineuse puissance des nouveaux écrans individuels. C'est d'un même rayon lumineux dont j'avais besoin pour ce retour à mon pays natal. D'une belle projection. Sur l'écran, elle fait vivre le film. Sur le tapis, elle permet la chute. Au cinéma comme au judo, elle existe dans le beau, le vrai et le secret.

Un simple sutemi m'a ramené à ma condition de judoka mortel. Sans doute cela faisait-il partie du voyage et il ne pouvait se terminer autrement. Comme tous les sportifs, je me targue d'un passé glorieux et, pour tout dire, je suis convaincu qu'il l'est. Je dois à la vérité d'avouer que je n'ai un corps d'athlète que dans des fantasmes qui me laissent aussi rêver que je peux redescendre à mon poids de forme à ma guise. Or : non. Lors d'un de mes derniers entraînements, alors que je bagarrais avec un junior très en forme quand plus rien chez moi ne répondait comme avant, je m'étais dit : « C'est vraiment un sport de sauvages », entre la déception de soi et la tendresse de ce qu'il m'avait donné. Faire randori après cinquante, cinquante-cinq ans et tomber à nouveau relève d'un miracle. Chuter n'est pas rater, disais-je au début de ce livre. On revient toujours au « c'est une joie et c'est une souffrance » de Truffaut. Repartir vers l'enfance est une joie et une souffrance, se souvenir du souvenir est une joie et une souffrance, penser à l'avenir est une joie et une souffrance. Je vous accorde que c'est moins glorieux mais ce que j'endure dans la solitude de ce retour en train est une joie et une souffrance. Pourtant, je ne pouvais rêver conclusion plus douloureusement délicieuse : dans ma vie, j'ai toujours le judo.

Projeter, cela signifie aussi : avoir une intention, en former le dessein. Retourner sur les traces de Jigoro Kano m'a rendu le goût de l'étude. Une jeunesse en kimono raconte ce que le judo fait à ceux qui s'obstinent : du bien. C'est simplement ce que je voulais dire. Comme la vie, il s'apprend et se réapprend. En recommençant au tout début et par ce que font les enfants. Par une chute.

Épilogue

Jigoro Kano, pour mémoire

Pour mémoire, et pour demain, ces mots de Jigoro Kano.

Les vertus à développer vis-à-vis des autres :

– avoir un caractère noble
– détester le luxe
– faire grand cas de la justice
– ne pas répugner aux rudes épreuves de la vie et être déterminé à rejeter une vie facile
– ne jamais se troubler et rester bienveillant
– être juste
– respecter la politesse et l'humilité
– être sincère

Les vertus à développer vis-à-vis de soi-même :

– prendre soin de son corps
– s'empêcher d'avoir des sentiments nuisibles

– cultiver les habitudes permettant d'endurer les rudes épreuves
– renforcer sa persévérance
– grandir son courage
– établir la relation entre l'enseignement reçu et ses propres recherches
– être toujours prêt
– avoir un jugement prompt
– agir résolument
– aller de l'avant, et prendre les moyens qui conviennent
– regarder autour de soi
– être calme et laisser le doute chez le partenaire
– se maîtriser
– savoir s'arrêter

JIGORO KANO
Relations entre la pratique du judo
et l'éducation morale

Remerciements

Cette aventure doit beaucoup à l'accompagnement des combattantes et des combattants du Judo Club de Stock : Benoît Heimermann, Émilie Pointereau, Solveig de Plunkett, Charlotte Brossier, menés par le *Sensei* Manuel Carcassonne.

Mes remerciements vont à Sophie Artzner, Jacques Gerber et Luc Mathieu pour avoir lu très tôt ce texte qui leur a été livré en morceaux épars et qui leur doit beaucoup, à Sabine Azéma qui s'y est tôt intéressée, ainsi qu'à d'autres uke : Gérard Camy, Anthony Diao et Lionel Lacour, qui organise des mâchons de judokas à défaut d'enchainer les uchi-komis aussi vite que dans sa jeunesse.

Merci aussi aux gens de « Sport, Littérature et Cinéma » : Maelle Arnaud, Christelle Bardet, Olivier Blanc, Samuel Blumenfeld, Adrien Bosc, Thierry Braillard, Philippe Brunel, Bernard Chambaz, Thierry Cheleman, Vincent Duluc, Ada Hegeberg, Laurent Gerra, Olivier Guez, Emmanuel Hubert, Vincent Lindon, Eddy Merckx, Sarah Ourahmoune, Leslie Pichot, Christian Prudhomme, Thierry Rey, Xavier Rivoire, Margriet Spikman, Philippe Sudres, Pierre-Yves Thouault.

Merci, pour toutes ces années de judo, à Alain Abello, Antoine Alarcon, Évelyne Argoud, Sophie Artzner, Jean-Louis Barnouin, Sylvie Bernard, Pierre Blanc, Bruno Blanchard, Philippe Bony, Frédéric Caillaud, Sylvana Cavalucci, Gérard Chaize, Michel Charrier, Philippe Darroux, Gabriel Debard, Guy Delvingt, Patrick Descaillot, Miguel et Mario Exposito, Michel Filleul, Loulou Garcia-Véro, Lionel Girard, Bernard Girerd, Marc Labrune, Lionel Lacour, Alain Lherbette, Jean-Louis Millon, Eric Muller, René Nazareth, Patrick Nolin, Maxime Nouchy, Daniel Olivès, Gilles Orénès, Romain Pacalier, Marc Pérard, Edmond Petit, Guy Savy, Corinne Simon, Laurence Thomas, Claude Trinh, Vincent Valente, Lionel Valette, Bernard Zamarini, ainsi que Freddy Aguerra, Jean-François Guérin et Frédéric Cessin.

Merci à ceux des Minguettes : Mohamed Bakir, Franck Bernetière, Yvon Charbonnière, Hervé Estival, Paquito Exposito, Michel Marchand, Luc Mathieu, Denis Rotival, Guy Savy, Philippe Vitry, Maurice Veysseyre.

J'admirais les chroniques de l'historien Yves Cadot dans *L'Esprit du Judo* et la qualité de l'écriture dont il accompagne sa pensée sur le judo. Il a accepté de relire le manuscrit et de le passer au filtre de son érudition. Qu'il en soit chaleureusement remercié – et on attend tous ces livres qu'il porte en lui.

Une première version du chapitre sur *La Légende du grand judo* a paru dans la revue « Desports ». Le titre du chapitre « Jigoro Kano est mort » est inspiré de celui d'un film mystérieux qui n'a jamais vu le jour : *Jacques Tourneur est mort*, de Pierre Rissient, qui n'est plus là mais qui est là. Je dois aussi saluer Dominique Païni, qui a fourni la citation de Louise Bourgeois ; Pierre Lescure le DVD de *Casse-tête chinois pour le judoka* ; et Philippe Jacquier la correspondance de Gabriel Veyre.

Enfin, ce livre est écrit pour Victor et Jules qui ne sont pas judokas mais qui sont de bons fils. Et s'il est dédié à Raymond Redon, il l'est aussi à la mémoire d'Ernest Verdino et d'Yves Bongarçon qui aura eu le temps d'en lire les premiers chapitres et de me dire : « Si je n'avais pas le cancer, tu m'aurais presque donné envie de m'inscrire au judo. »

Cet ouvrage a été composé
par PCA
et achevé d'imprimer sur Roto-Page
par l'Imprimerie Floch, Mayenne
pour le compte des Éditions Stock
21, rue du Montparnasse, 75006 Paris
en janvier 2021

PAPIER À BASE DE FIBRES CERTIFIÉES

Stock s'engage pour l'environnement en réduisant l'empreinte carbone de ses livres. Celle de cet exemplaire est de :
750 g éq. CO_2
Rendez-vous sur www.editions-stock-durable.fr

Imprimé en France

Dépôt légal : février 2021
N° d'édition : 01 – N° d'impression : 97627
21-07-3963/7